刘承元 博士

现任合众资源·3A咨询集团董事长，中国先进制造者联盟首席专家、中国精益案例库发起人，清华大学外聘教授，人称精益管理大师，中国的大野耐一。

1978-1982年，在哈尔滨工业大学学习，获工学学士学位。

1983-1989年，国家公派留学日本，获大阪大学工学硕士、博士学位。

1989-1990年，任日本大阪大学产业科学研究所研究员。

1991-2000年，在世界500强企业理光（深圳）公司工作，任生产管理部长、经营革新部长、管理部长并兼任人力资源总监，后任理光国际（上海）公司副总经理。

2000年10月，与肖智军、党新民一起创立了3A顾问公司，立志产业报国，随后提出了“制造强，中国强，管理改变中国”的新主张。在3A的旗帜下，凝聚了一大批优秀的实战专家顾问，这些专家顾问来自世界 500 强或跨国企业，有丰富经验，有使命情怀。

刘博士的 3A 团队已经帮助上千家企业导入精益管理，为中国制造的崛起做出了贡献。还先后创办了“中国企业管理高峰会”“工厂管理公益行”“精益管理大讲堂”等系列活动，积极传播精益思想。

刘博士数十年如一日，潜心研究，积极实践，持续创新，精心构筑了属于我们中国人自己的原创“精益造物育人”机制理论，获得了第六届中国管理科学学会颁发的“管理科学奖”。

刘博士专注于中国精益改善管理的研究与实践，在权威的管理杂志上发表了管理类论文 100 多篇，提出大量原创管理理念与思想，并出版多部管理类专著。

因为在管理学研究与实践上的卓越贡献，刘博士先后成为权威的《企业管理》杂志、《世界经理人》杂志封面人物。刘博士还被邀请出版杰出校友传记《管理赢家》，作为哈工大百年校庆献礼丛书，收获了极大的荣誉。

Handbook of
Multiple Profit at
Chinese Corporate

中国工厂
利润倍增
经营手册

刘承元 著

企业管理出版社
ENTERPRISE MANAGEMENT PUBLISHING HOUSE

图书在版编目（CIP）数据

中国工厂利润倍增经营手册 / 刘承元著．– 北京：
企业管理出版社，2021.7
ISBN 978-7-5164-2427-8

Ⅰ．①中…　Ⅱ．①刘…　Ⅲ．①工厂–企业利润–企业
经营管理–中国–手册　Ⅳ．① F425.7-62

中国版本图书馆 CIP 数据核字（2021）第 125731 号

书　　名：中国工厂利润倍增经营手册
作　　者：刘承元
责任编辑：尤颖　刘畅
书　　号：ISBN 978-7-5164-2427-8
出版发行：企业管理出版社
地　　址：北京市海淀区紫竹院南路 17 号　　**邮编：**100048
网　　址：http://www.emph.cn
电　　话：编辑部（010）68487630　　发行部（010）68701816
电子信箱：zbz159@vip.sina.com
印　　刷：河北宝昌佳彩印刷有限公司
经　　销：新华书店
规　　格：160 毫米 ×230 毫米　16 开本　18 印张　187 千字
版　　次：2021 年 7 月第 1 版　　2021 年 7 月第 1 次印刷
定　　价：58.00 元

序言

管理改变中国

刘承元的 3A 公司位于深圳福田中心区的卓越大厦。有人说住在卓越大厦的都是卓越的人。论企业管理，日本的管理文化被公认为是最严谨、最具效率的。刘承元博士曾经管理世界 500 强企业理光公司在全球范围内规模最大的工厂，并使它比日本本土工厂更有效率。如今他又领导着一家讲究实效、敢于承诺具体效果的管理顾问公司。观其仪表，温文尔雅，白衬衣领袖紧扣，发型一丝不乱，可见刘博士是个严谨的人。

（1）“对中国来说，制造业真的太重要了”

这是刘承元博士在各种场合不断重复的一句话，为了这句话他还不惜花钱在凤凰卫视频道做了几个月的广告。深知广告不连续做一两年是不会有效果的，坚持做就是希望更广泛地传播一句话：“制造强，中国强，管理改变中国！”这句话其实强调的是两个观点，一是制造业对中国国力的支撑作用；二是中国经济和社会必须通过管理来全面提高效率。

在谈到国内制造业发展的时候，他认为有以下几个倾向值得警惕。

首先，行业选择讲得多，产业升级讲得少。有一种思潮已经在社会上蔓延，即把传统制造业等同于落后产业，例如服装、家具等传统制造业，而电脑、网络等产业才是受欢迎的宠儿。但我们经常看到的结果是，卖一件衣服的利润高过卖 100 台电脑的利润；卖一套家具的利润甚至可超越一家网络公司全年的利润。可见，在产业升级过程中，只有通过管理活动（销售、研发、制造、供应链和品牌）来升级企业及行业的竞争力才是根本。作为领导和管理者一定要清楚，**中国未来还是得靠扎扎实实的制造业，甚至是传统制造业。**

其次，技术改造做得多，管理创新做得少。改革开放以来，中国企业在装备更新、技术改造上投入巨大，并不断处于引进、消耗、淘汰，再引进、再消耗、再淘汰的循环中。之所以形成如此局面，和我们对管理创新的重要性缺乏认识有很大关系。

在一次官产学交流会中，有专家提出，我们在管理上至少还有 10% 的提升空间……当时在场的刘承元认为这是十分肤浅和可笑的认知，并马上在后续的发言中表示，应该在 10% 前面加上“每年”才合适。每年提升 10%，不仅在理论上可能，而且在实践中是可行的。在 3A 公司长长的客户名单中，他简单列举了 TCL 家网事业部只用两年时间就提高了 70% 以上的效率，美的某生活电器只用一年时间就提高了 40% 以上的效率，世界 500 强企业富士施乐深圳公司花三年时间将生产效率提高了一倍等案例。大量实践印证这样一个道理：**管理创新和效率提升是无极限的**。他希望这些主张能为政府在制定产业政策时提供参考。

（2）对管理的创新与认知

在普遍浮躁的今天，中国企业欠缺脚踏实地的精神，喜欢投机取巧，更愿意传播或学习靠“模式”轻巧赚钱。

如某排毒减肥茶曾经是营销大师和媒体津津乐道的经典营销案例，“它仅用 2 款减肥产品，一句口号和一种低价快销模式，来准确地定位目标销售群体，在短短几年时间里就将销售额做到十几亿元”。据称，这家企业的研发成本仅占营业额的 1% 左右，销售及市场营销支出却占 40% 以上。刘承元认为，近年来国内企业“暴雷”连连就是源自人们对产品研发和生产过程改进的漠视。他强调正确的做法应该是投入更多的资源做好产品研发和生产，以一流的产品和服务征服消费者的心，只有这样才能保障企业可持续发展。

毫无疑问，刘承元凭着对管理的浓厚兴趣、刻苦勤奋和全力以赴，凭着其独特的悟性、学习能力、历经选择和挑战的累积经验，再加上二十余年在管理领域躬耕不辍，尤其是他在接受日式先进管理文化的同时，能注重和中国实情结合，不断创新，最终形成了一些适合中国的管理思想，并正在努力地构建本土管理模式和体系。

他的管理思想源于实践、用于实践，应该说对中国企业管理提升颇具指导意义，我也曾亲眼见到他在所指导的企业中受尊敬欢迎的程度。他在帮助企业提升管理方面成果卓著，被誉为“管理赢家”。若是多一些这样的践行者兼思考者，中国的管理距大成就不远了。“治家国，平天下”本是中国达人的共同的志向,“治”即管理并使之改善,在中国现有的历史环境中，管理改变中国，信然！

J.Z. 爱门森

目录

第一章 利润倍增与方针目标管理

第一章

利润倍增与方针目标管理

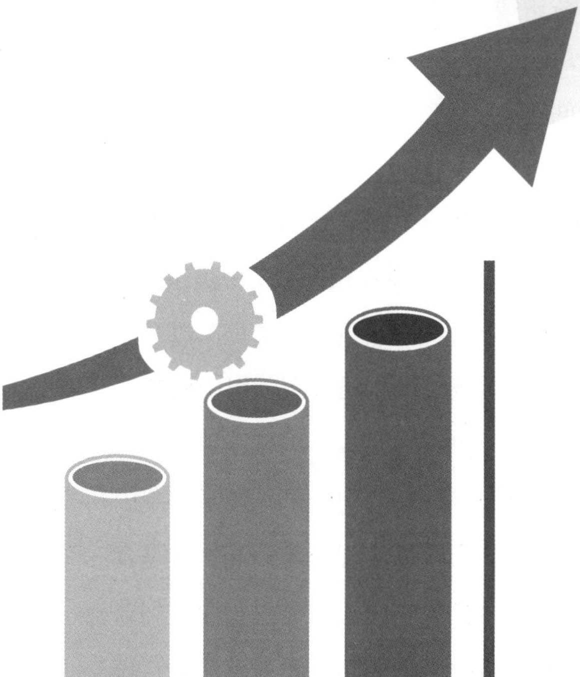

案例

怎样做到三年利润增3倍

某家具企业老板抱怨，做家具多年，赚了吆喝却没赚到钱。这到底是怎么回事呢？虽然这家企业年销售额近十亿元，但是利润总在一两千万元间徘徊，利润还不及银行利息。问题何在？

就这个问题，我们的顾问和企业中高层管理者做了交流，他们的回答是：市场竞争加剧，价格总是在招标竞价中被压低；公司规模较大，一切都是正规守法经营，员工工资福利以及各种税费负担高；大环境不好，生意难做；员工不如以前听话，效率不高……

总之，我们听到的是一片抱怨之声，利润不高都是客观因素造成的。真是这样吗？我们认为，纵使管理者们说的全是真话，也应该从企业内部和员工自身找问题。之后我们深入到公司的各个管理现场，对销售、研发、采购和生产等重要流程进行分析研究，发现存在诸多管理漏洞和问题。

第一，工厂现场管理混乱，交货不准时，质量不稳定，影响客户口碑；

第二，销售模式老套，缺少差异化策略措施；

第三，研发效率低下，新品推出迟缓，基本没有降本设计；

第四，经费支出缺少管控，随意性大；

第五，采购流程不规范，无科学价格调整机制……

虽然问题错综复杂，但是通过企业和我们的共同努力，不仅利润率得到提升，还取得了诸多成果。

◇ 经营利润率从不足 3%，提高到 9% 左右。

◇ 准时交货率由 45% 左右，提高到 90% 以上。

◇ 客户投诉件数减少 70%，各类失败成本降低 80% 以上。

◇ 研发效率提升 3 倍以上。

◇ 改良设计、降低成本以及减少原材料采购……

到底是什么方法让这家家具企业重新焕发活力呢？秘密就是实施了“利润提升工程”。

1. 利润提升工程第一步：战略规划与意识革新

进行盈利能力分析和发展战略规划，确认经营重点和策略措施，最终以经营力机制的形式对企业经营活动进行标准化管理。

与此同时，对生产现场的管理秩序进行突破性（整理、整顿、清扫和布局调整）改善，目的是通过现场管理面貌的快速改变来革新员工意识，增加员工改变的信心和兴趣。

2. 利润提升工程第二步：分三条主线实施革新改善

第一条是对实物流和信息流进行分析和规划，通过消除流程中的浪费来提高生产效率，缩短生产周期，提高准时交货水平；

第二条是改善生产工艺和品质保障流程，提升产品良品率；

第三条是规范经费预算、经费申请审批流程，导入事前和事后的经费使用稽核机制，对经费使用进行科学管控，极大地提高经费使用效率。

3. 利润提升工程第三步：对两大难点问题实施突破

一是研发管理改善。因为产品成本的 70% ~ 80% 是在设计阶段决定的，所以做好研发管理是提升利润的关键之一。我们需要做好两方面改善工作：一方面，对研发流程进行全面改善，提高研发质量，加快研发进度，提升新产品竞争力；另一方面，对既有产品的升级降本设计和退市进行常态化管理改善，提高成本竞争力；

二是采购管理改善。首先，转变供应链管理理念，以双赢思维与主要供应商确立可持续、有保障的合作关系（给双方安全感），摒弃从前那种每单都要货比三家的错误做法；其次，对材料定价管理职能和交货管理职能实施分离，特别是把（采购金额高的）核心供应商的议价权收归企业高管，消灭买卖过程中的潜规则；第三，稽核部门定期对采购价格进行独立比对分析，并向高层提供稽核报告。

4. 利润提升工程第四步：为提升经营利润持续改善

值得注意的是，在进行前三步改善的过程中，我们会按照精益全面改善三大机制的要求，展开现场持续上台阶，员工微创新提案，绩效大课题管理活动。

总之，为提升企业经营利润，持续改善是必须的。

第一节 自主创新经营与可持续盈利的提升之道

一、企业经营盈利能力分析

企业经营利润来源于两个方面，即开源和节流。为了持续提升企业盈利能力，必须从开源（增加收入）和节流（减少支出）两个方向上下功夫、做改进。很少有人对开源和节流进行科学、简便的定义，以至于人们在谈论开源和节流的时候虽然振振有词，但是最终都不能落地为具体的行动。

一般谈到开源、节流的时候，人们会认为主要是增加销售收入和降低成本的意思，主要责任在销售和生产部门。事实上，这种认知是十分片面的，以至于销售和生产之外的其他部门很难看清自己在提升企业经营利润方面的作用，浪费大量的开源、节流和提升经营利润的机会。

在传统财务核算规范中，人们对利润和成本进行了各种各样的定义，如毛利润、净利润、税前或税后利润、材料成本、加工成本、固定成本、变动成本、销售费用、管理费用等大量专业术语。如此定义的结果是，财务部门以外的经营管理者对成本和利润缺乏直观的认知，影响了他们参与企业经营利润改善活动的积极性。

为了革新管理者和员工的意识，便于认知利润的来源以及自身的责任，推动全流程、全员参与的创新经营和精益改善活动，我们强烈建议使用我们独创的盈利能力分析方法，对构成利润（利润＝源利润－外成本）的各个要素进行更直观和简洁的定义和阐释。

1. 源利润与开源改善

销售收入减去设计材料成本的差额叫作源利润。所谓开源，就是提升源利润的意思。其中，设计材料成本是可以内化到产品里的成本，也可以称为内成本。

源利润的计算公式如下。

源利润＝销售收入－设计材料成本＝∑销量×售价－∑材料用量×采购价格

从以上公式可以看出，开源可以从“增加销量、提高售价、减少材料用量和降低材料采购价格”这四个方面着手进行改进。

使用源利润的概念，有利于让研发、销售、生产、品牌和采购等有关部门看清自己在开源管理和提升经营利润中的价值和意义，并循着源利润增长的方向进行创新和改善。不仅如此，我们还可以按销售产品类别、客户类别、采购产品类别和供应商类别来深度分析影响源利润的各个要素，获得更有效的开源改善方法或手段。

通过计算（1- 设计材料成本 / 销售收入）×100% 的数值，可以得出企业在经营过程中的幸福指数，百分比越高，说明企业获得利润越简单，经营幸福指数就越高；反之，企业获得利润越难，经营幸福指数就越低。

不同行业的经营幸福指数不同。通常情况下，竞争充分和没有竞争壁垒的行业幸福指数低，反之亦然。即便是同一行业，不同企业也会获得不同的经营幸福指数，有“管理和技术”影响力的企业通常能获得较高的幸福指数，反之亦然。

表 1-1 是某些行业的经营幸福指数参考值。

表 1-1　某些行业的经营幸福指数

	办公家具	家电	电脑组装
经营幸福指数	50% 以上	30%~50%	30% 以下

一些“看上去很美”的高新技术企业（我将一些只生产高新技术产品，却不拥有核心技术的企业称为伪高新技术企业），其经营幸福指数低下。相反，一些看上去传统的行业，却拥有较高的经营幸福指数。所以，**传统产业与落后产业是完全不同的两个概念，千万不能混为一谈。**

2. 外成本与节流改善

外成本是内成本之外的成本，也就是设计材料成本以外所有成本的总和，它包括劳务费用、能源消耗、管理费用、折旧费用、财务费用以及各类失败成本等大量内容。所谓节流，就是降低除战略性支出以外所有外成本的管理改善活动。因为外成本包括的内容广泛，几乎涉及企业的所有部门，所以节流改善需要全员参与。

通常可以采用“费用率”来评价节流改善的效果。比如，用劳务费率（劳务费金额 / 销售额 ×100%）来衡量生产和管理效率，效率改善的目标是：在保障员工收入增长的同时，降低劳务费率或将其控制在较低水平。又比如，用单位产值能耗（能耗金额 / 销售额 ×100%）来评价能源使用效率，能耗改善的目标是：持续降低能耗水平。

总之，要保障经营利润不会受到费用增长挤压，有必要把企业内有关人员组织起来进行课题改善，持续降低各项费用率。

3. 战略性支出保障

为了保障企业可持续发展，在节流改善（降低外成本）过程中，要极力避免“杀鸡取卵式”的短期行为，需要通过事前预算的方式，对诸如研发投入、设备投资、营销及品牌建设、员工福利和员工培养等战略性支出进行重点保障。比如，为了促进员工成长，需要基于《年度教育训练计划》来预算和使用费用。又比如，为了展开营销和品牌建设活动，需要基于《年度营销和品牌建设计划》来安排和使用费用。

我们还要明确，花钱本身不能成为目标，要基于战略项目或具体任务对费用进行预算、使用和监控，提高费用使用效率，尽量做到少花钱、多办事。

为了提高企业经营利润，一方面需要提高企业经营“源利润”，另一方面需要全员参与持续降低企业管理“外成本”。

为了更直观地向管理者和员工展现创新和改善的方向，我们可以采用“系统图法”来具体表述企业提升经营利润的战略和课题，以某企业为例，如表 1-2 所示。

表 1-2　企业提升经营利润的战略和课题

提升效益方向		经营战略方向	重点战略课题	主导部门	配合部门
提高经营利润	开源·提高源利润	增加销售数量	增加盈利直销网点数	销售部	人资部
			增加盈利代理商数量	销售部	法务部
			提高订单交货准时率	生产部	计划部 物流部
		提高产品售价	产品规划与换代设计	研发部	技术部
			品牌建设与营销优化	品牌部	销售部
		降低材料单价	供应商供应绩效提升	采购部	品质部
			重点物料计划降本采购	采购部	品质部 技术部
		减少材料用量	各类降本设计	研发部	技术部
			零部件共通化研发改善	研发部	生产部
	节流·降低外成本	降低失败成本	产品不良率降低改善	生产部	品质部 技术部
			材料利用率提升	生产部	技术部
			减少返工、空运及索赔	生产部	品质部
		降低劳务费率	提高生产效率	生产部	技术部
			降低间接员工占比	人资部	全部门
			新员工离职率降低	全部门	人资部
		降低各类费用	减少呆账、坏账金额	销售部	财务部
			各类能耗降低	全部门	设备部
			各类管理费用降低	全部门	财务部
		……	……	……	……

以上经营战略方向以及重点战略课题针对不同行业或企业需要具体情况具体分析，不能一概而论。

二、可持续盈利的两大“法宝”

企业能否获得可持续盈利能力是经营者最关注的焦点。根据我们的经验，**企业要想获得这项能力，就必须做好以下两项工作：一项是理念与战略规划落地，另一项是算盘与利润最大化改善。**

1. 理念与战略规划落地

近几年来，企业利润率普遍下降，除了人为因素之外，绝大多数都是客观环境造就的结果。企业不能屈服于客观环境的变化，要主动改变经营现状，以便实现可持续发展。

企业要积极转变观念，树立能让企业走向未来的经营理念，以帮助员工获得精神和物质幸福、服务社会为宗旨，并通过盈利能力分析和战略规划，及时落实战略举措，让企业经营可持续，保障基业长青。

2. 算盘与利润最大化改善

虽然中国企业发展了多年，形成了今天的规模，但是企业经营管理水平并没有得到相应提高。面对急剧变化的经营环境，许多传统做法已经无法应对，需要更加精细的经营手法。

所谓算盘，是一种通俗的说法，指的就是一种不同于传统财务会计的小团队利润核算机制。导入这种核算机制，可以改善团队管理者和员工的经营意识；持续运营这种机制，可以提升团队管理者和员工经营团队的能力。

当团队管理者和员工有了良好的经营意识和能力后，可以持续展开旨在提升团队经营利润的改善活动，保障企业可持续盈利。

三、中国企业经营力普遍不足

当企业经营环境急剧变化时，企业家或企业经营团队迫切需要掌握能成功驾驭企业的经营力。**所谓经营力，就是能够使企业在竞争中获得优势的经营能力。经营力主要包括思维能力、规划能力和实施能力三个方面的内容。**如图 1-1 所示。

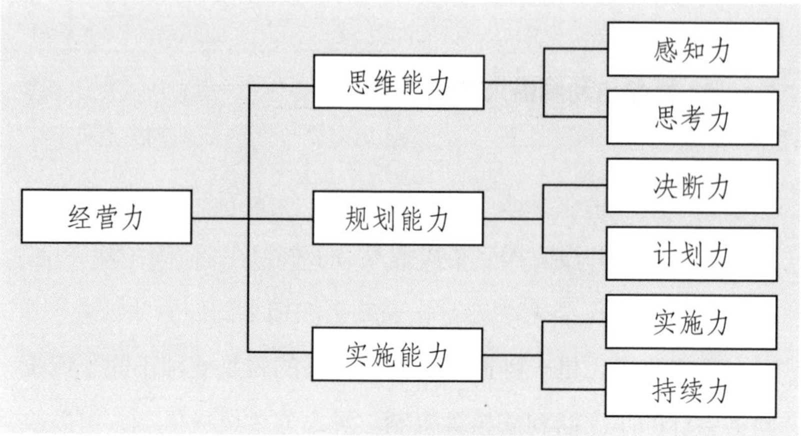

图 1-1 经营力的构成要素

思维能力：快速感知企业内外部经营环境变化，思考企业现在和未来一段时间经营面临的问题，发掘企业中长期目标和经营战略的能力。

规划能力：沿着中长期经营目标的方向具体规划企业经营活动，即定义年度经营目标和经营课题，并根据轻重缓急决定资源配置和制订经营计划的能力。

实施能力：将计划付诸实施，把企业经营意志转化为广大员工具体行动，并通过持续推动企业革新改善活动来达成企业目标的能力。

中国企业经营者（层）具有上乘的战略思维能力，练就了良好的市场应变能力。由于中国企业主要靠资源投入和捕捉机会粗放发展，在管理上缺乏追求和积累，因此在规划能力（计划力）和实施能力（实施力、持续力）两大方面明显不足，具体表现在以下几点。

◇很少把企业经营战略细化为职能任务或经营课题，经营战略无法落地；

◇不会制作和运营有措施保障的可实现经营计划，经营意志无法转化为员工的具体行动；

◇不会运用导向性好的量化管理方法，造成企业员工的盲目和懒惰，损害组织执行能力；

◇企业高层普遍希望考核出业绩，而对过程欠缺关注，对管理者和员工欠缺指导服务，造成团队能力提升缓慢。

四、自主创新经营理论

图 1-2 是经过抽象化处理的传统经营管理架构，纵向模块是职能部门，三角形是以绩效考核为主的顶层管理。这样的管理架构看似什么都不缺，五脏俱全，但企业经营者总是抱怨不断。针对企业的困惑，各路专家学者各显神通，发明了林林总总的理论和方法，试图帮助企业解决问题，却总是效果不佳，令企业经营者困惑不已。

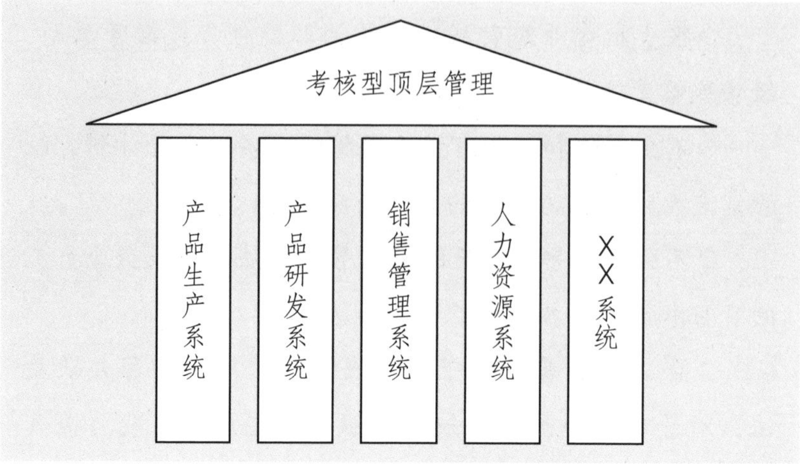

图 1-2　传统经营架构

面对困局，我们潜心研究，终于找到了卓越企业可持续发展的优良基因，并把这些优秀基因和既有的职能任务系统有机结合，精心架构，提出了如图 1-3 所示的“自主创新经营理论”架构。它是企业走向未来和可持续发展的卓越经营架构，自 2008 年提出以来，已经在许多企业的管理实践中得到了很好的验证。

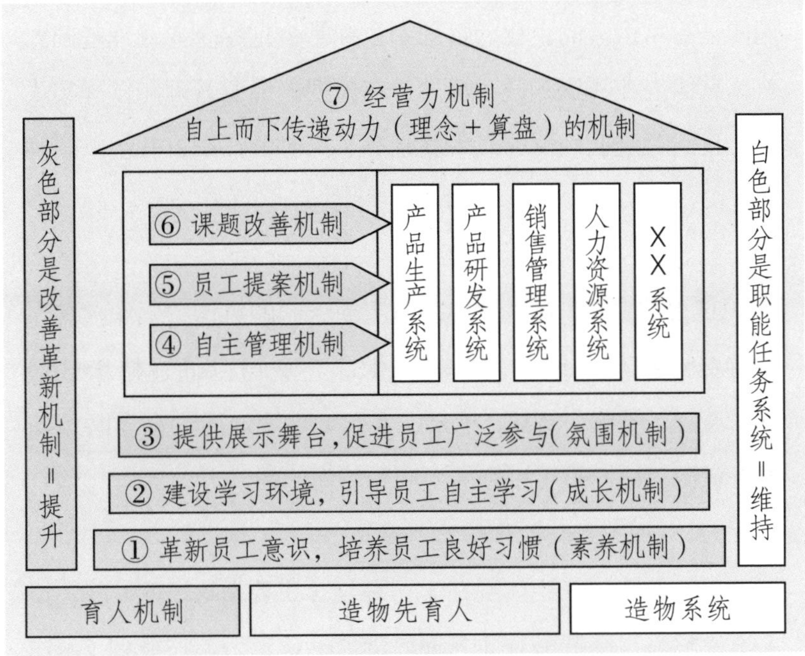

图 1-3 “自主创新经营理论”架构

图中白色部分所示的是企业既有的职能任务系统，负责向客户提供产品或服务；灰色部分则是绝大部分企业欠缺的部分，是负责推动职能任务系统提升水平的管理创新机制。如果没有了灰色部分的支持，白色所示的职能任务系统是永远不可能自主提高的。就好像没有支点或抓手，人不能拔着自己的头发离开地球一样！

图 1-3 的“自主创新经营理论”架构看似是一幢结构稳定的房屋，房屋的各个部分形象地表述了各个模块在企业经营中的作用。

“房屋”底部的 ①、②、③层是企业经营的三个基础。

即便是正常运营的企业，管理者也经常会抱怨企业管理基础太差，具体差在哪里却说不清楚。在长期的经营管理和顾问实践中，我们对企业经营的三大基础有了深刻的认识，并予以明确的定义。

①管理基础差首先体现在员工缺乏问题意识，工作随意，没有养成按标准做事的良好习惯。企业可以通过持续开展5S（整理、整顿、清扫、清洁、素养）等管理活动来不断革新员工意识，培养员工良好的生活和工作习惯。

②管理基础差还体现在学习环境（主要指软环境）差，员工不爱学习甚至抵触企业各项培训活动，意识、技能和（解决问题）能力提升慢。企业可以通过导入技能奖励政策，规划员工成长晋级通道等措施来建设学习软、硬环境，引导员工自主学习。

③管理基础差又体现在员工没有参与的“舞台”和机会，员工缺乏主人翁精神，企业经营活动缺少员工的主动参与。企业可以通过规划各种不同形式的展示“舞台”，让员工有机会把工作中的精彩和智慧充分展示出来，有利于挖掘员工智慧，提升员工能力。

在自主经营改善理论中，这三大管理基础是优秀企业文化的重要组成部分，是企业高层影响人、凝聚人和培养人的重要工作方法和平台。

图中的④、⑤、⑥三条横梁是企业进行“绩效改善”的三个机制。

④活动机制一，指的是现场上台阶活动。它是基层员工以班组为单位开展持续上台阶改善活动的一种形式。每一个台阶都要定义明确的改善目标和改善内容。持续运营这项活动，既可以让远离领导的基层能够及时消除缺陷，提升现场管理水平，又可以提高员工的意识和能力。

⑤活动机制二，指的是员工微创新活动。它是企业通过制度化的奖励措施引导所有员工主动发现自己身边的问题，并动脑筋、想办法解决这些问题的一种活动形式。通过开展这项活动可以极大地提高员工积极性。所谓员工积极性就是员工主动付出智慧的意愿和行动。

⑥活动机制三，指的是绩效大课题活动。它是部门或跨部门的干部和骨干员工一同解决企业焦点问题的小集团活动。这项改善活动的课题通常来源于企业的经营战略，主要涉及效率、质量、成本、交货和安全等多个方面。做好课题改善可以极大地提升管理水平，支撑企业经营战略和目标的实现，提升企业竞争力。

图中的⑦是企业高层进行“绩效经营”的机制。

国内企业目标管理活动通常的做法是：年初提出和分解年

度目标，由部门管理者签订目标责任书。年底对照目标进行绩效考核，希望以此提升管理水平。结果可想而知，能否达成年初所定的目标只能听天由命、碰运气；而绩效经营机制的做法是，高层负责制订企业经营方针（理念、愿景、价值观等），提出经营目标，研讨经营战略。之后把每一个经营战略分解为若干个重点课题，制成《年度经营计划》。指导部门管理者把课题分解为措施，并做成可操作的《部门实施计划》。期间每月一次开小会面对面质询（跟进和辅导）各部门管理者落实《部门实施计划》。绩效经营活动可以统一团队意志，更重要的是企业高层通过对部门管理者进行月度实时跟进辅导，在帮助下属管理者达成目标的同时，提升下属管理者的意识和能力。

综上所述，职能任务系统关注的是物，是“造物系统”；而7大提升机制关注的是人，是“育人机制”，这恰好契合了“造物先育人”的先进理念。由此，育人机制与造物系统交融生发，形成一个立体的可持续发展的自主创新经营体系。

按照该理论所倡导的理念、机制和方法持续展开管理创新活动，企业不仅可以提升经营硬实力，还可以获得生生不息的管理软实力。自主创新经营管理理论已经在许多本土企业的经营实践中得到验证。

这个模式既吸取了国外的成功经验，又结合了本土文化特色，重一统，重内省，重自我提升，尤其重以人为本，充分关注员工意识和能力的提升，追求员工精神和物质两方面的幸福。

第二节 找到符合中国实际的管理方式

一、企业管理中的六大缺失

国内企业可以利用廉价资源等比较优势来获得在国际市场上立足的机会。当剥离了这些资源比较优势之后，国内企业还能立足吗？

我这么说绝非耸人听闻。不久前，我带领总裁班学员参观了日本丰田的工厂，他们深受震撼。根据我对国内企业的了解，发现在管理上存在着诸多问题，以下六大缺失就是其中需要花时间下功夫补强的关键内容。

第一，有理想没信仰。我们从来就不缺伟大的理想，为国争光、冲出亚洲、走向世界以及无私奉献等都是不错的理想。但是我们却没有信仰，缺乏对“道”（因果报应等天道、地道、人道）的敬畏，最终与理想严重背离。

第二，有组织没传承。企业是通过组织来运营的，为了使组织更具活力，必要的人事更替实属正常。问题在于，在实施人事更替时没有组织传承的良好机制。如此这般，使得管理没有积累。

第三，有目标没战略。国内企业高层特别喜欢提目标，比如名次目标、销售额目标等等。提出目标之后希望通过绩效考核达成目标，考核不达标就换人。高层不能针对目标提出有效的战略（超越对手的竞争策略），更没有将战略分解为课题、措施和落实为员工的行动，这是高层典型的失职、渎职行为。

第四，有制度没机制。“管理靠制度”这句话已经深入人心，假设没有机制（结构化管理办法）的硬约束，大量的制度往往会成为摆设，并不能被广大管理者接受，更不能成为员工自觉的行动。

第五，有口号没措施。在组织管理过程中，空洞的口号比比皆是。所谓空洞的口号就是那些大话、空话和套话，比如强化内部管理、加大管理力度、提高执行力等。管理者很少研究强化管理和提高执行力的具体措施和方法，没有措施和方法的落地和保障，再美的口号也是一句空话。

第六，有管制没参与。经常有企业经营者向我抱怨，说员工不爱参与，缺乏主人翁精神。在我看来，不是员工不爱参与，而是因为没有“舞台”，员工无法参与；不是员工缺乏主人翁精神，而是因为管制束缚，员工不能成为“主人”。在大多数企业里，不管是年初动员会，还是年底总结会，都是领导台上讲话，员工台下鼓掌，员工始终充当看客和拉拉队的角色。

如果以上六大缺失不能补强，正逐步失去资源价格优势的国内企业将面临困境。

二、什么是目标管理

美国管理大师彼得·德鲁克提出的目标管理MBO（Management By Objective）思想对企业管理产生了深刻的影响。国内企业管理者对目标管理倾注了巨大的热情，并希望借此提升企业经营管理水平。

但是，**我们的企业管理者对目标管理的理解多数还停留在思想和理念的层面上，缺少具体实施目标管理的方法。**在没有实战经验的管理专家的演绎下，目标管理逐步异化为绩效考核……

1. 目标管理的起源

目标管理是一种注重业绩、成果的思想，是由企业确定各阶段希望达到的总体目标，再由各部门和全体员工根据总目标确定各自的分目标，并积极努力使之实现的一种管理方法。

彼得·德鲁克在他的《管理实践》一书中这样表述目标以及目标管理的意义："企业的目的和任务必须转化为目标……如果一个领域没有特定的目标，那么这个领域必然会被忽视。"

"一个经理所能取得的成就，必须来自企业目标的完成，他的成果必须用他对企业成就的贡献程度来衡量。"

"组织能让平凡的人做出不平凡的事情。一个人能够做到的事情是非常有限的，很多人朝着同一个目标齐心协力地努力，就能够产生相乘的效果，即1+1变成了3倍，甚至4倍。"

人们倾向于将企业中每个职务的工作进行详细的职务描述，并要求员工对所做工作内容进行详细的记录，以便考核评价……长期如此，使得很多工作仅仅停留在罗列工作内容的层面上，而不问"为什么做"；评价时仅仅考察做了什么，而不问"做得如何"，有什么改善和提升。由于员工工作失去了提升的动机，变成了一种操作，日复一日地简单重复，其结果是，员工的工作难有改进，企业经营业绩的提升也难有起色。

在这种背景下，强调动机（"为什么做"）和绩效（"做得好坏"）的目标管理应运而生并受到广泛关注。

2. 目标管理的含义

目标管理是以目标的设置和分解、目标的实施及完成情况的检查以及奖惩为手段，通过员工的自我管理来实现企业经营目标的一种管理方法。目标管理的目的是：让员工管自己，变被动为主动。

理论上讲，目标管理做得好的话，可以发挥以下作用。

◇通过目标体系明确个人和部门的责、权、利，促进分工和协作，提高工作效率和管理绩效。

◇通过上下沟通，使个人目标、团体目标和企业目标融为一体，既避免了部门本位主义，又能集思广益。

◇通过授权、分权和自我管理，既能提高管理者的领导水平，又能提高员工素质。

◇通过个人参与制订目标，促使每个人为未来做准备，防止短期行为，有利于个人和企业的稳定和长期发展。

◇通过上下级共同制订评价标准和目标，能够客观、公正地考核绩效和实施相应的奖惩，便于对目标进行调整及对目标的实施进行控制。

总之，目标管理既能够提高管理绩效，又能够提高员工素质，增进企业凝聚力。

3. 目标管理的不足

目标管理受到了人们广泛的关注。许多企业或组织在运用目标管理的时候存在各种问题，主要表现为目标管理在付诸实施的过程中往往流于形式，不能获得预期的效果。

效果不好的原因主要表现在两个方面：一方面，虽然目标管理的思想已经深入人心，但是由于目标管理缺少可操作的工具和方法支持，以至于不同企业的目标管理方法大相径庭，目标管理效率不高。另一方面，人们更多地把目标管理理解为分解目标、分清责任的手段，而对目标达成的过程、方法和措施不够关注，不能达成目标管理预期的效果。

更有甚者把目标管理异化为基于目标的绩效考核，不仅对目标的实现帮助不大，还可能因为考核的不公平影响管理效率。

三、方针管理更接近本质

和其他的管理一样，美国人提出了卓越的思想和理念，而**日本人更关注理念和思想的落地**，把它改进成实用有效的工具，目标管理也是如此。

进入 20 世纪 80 年代中后期，随着市场竞争加剧，以绩效为导向并关注过程管理的经营模式开始受到重视。日本企业学习和引进了美国的目标管理，特别是一些跨国企业对目标管理进行了有效的改良和发展，并取得了巨大成功。丰田、本田、理光、佳能等一大批卓越的制造企业就很好地运用了改良后的目标管理为企业提升管理绩效服务。他们更善于找到经营目标下的重点经营战略，进而把这些战略展开为部门职能任务（焦点课题），并以经营计划的形式对部门职能进行授权。他们不主张对较低职位员工的工作进行详细的职务描述，而是设法动员员工不断尝试采用新方法，鼓励个体和团队在公司目标的指引下不断超越，持续改善。

事实上，**企业目标的最高表现形式是企业经营方针，要想提出企业经营目标，首先必须定义企业经营方针，实现企业目标也就是实现企业经营方针。**因此，日本企业习惯性地把目标管理叫作方针管理，也就顺理成章了。

方针管理说到底就是日本式的目标管理。在我看来，由于企业方针往往高于企业数字化的目标，因此方针管理的定位往往高于目标管理，更能够引领企业走向未来。

日本式的“方针管理”其实更靠近目标管理的本质，并且开发出了具有特色的方针管理系统化方法。

1. 方针管理的优点

方针管理来源于目标管理，并能够优于目标管理，原因在于日本企业十分注重理念的落地和方法的研究。

日本企业的方针管理有如下几个值得借鉴的方面。

（1）重视方针管理过程的简单化和标准化

许多日本企业都把方针管理方法作为企业提升经营绩效的“法宝”，他们能够自觉运用方针管理手法为企业经营服务，并在实践中归纳总结出一套标准的管理手段，使方针管理活动简洁明了，高效实用。

（2）重视对战略分解和改善措施的研究

在制作方针管理计划书时，通常要求企业经营者明确定义和分解经营战略，**并协同管理者和员工一起具体提出实现方针或目标的具体改善措施**，杜绝空洞无实或口号式的计划，也反对简单地将数字化目标分解给下属的不负责任做法。

（3）重视对过程的控制和辅导

计划制订之后，我们要特别强调对计划实施过程的及时跟进、控制与辅导。过程的跟进和控制主要体现在最高管理层对中基层管理者、员工在实现目标过程中给予积极的支持，为下属实现目标提供有效的辅导和服务，帮助他们提升意识和能力。

（4）强调事前的协商和事后的反省

方针管理活动强调事前的协商，指的是充分沟通计划的目标和实现目标的手段、改善措施等；同时强调事后的反省，在计划实施后注意总结经验教训，提出下一步的改善措施，以便持续改善各项管理工作。

（5）弱化考核在经营中的作用

在传统目标管理过程中，人们对绩效考核情有独钟，甚至到了严重依赖的程度。对大多数自主实现目标能力不强的团队来说，数据化和严苛的绩效考核不仅不能带来效果，还会造成团队成员对考核麻木不仁。因为方针管理可以极大地提升企业经营过程的执行力度和目标实现能力，所以弱化绩效考核在经营活动中值得提倡。

2. 丰田、三星、理光等企业热衷方针管理制度

方针管理就是经营者的PDCA，它通常包括长期经营方针、中期经营方针、年度经营计划以及展开到实施部门的部门实施计划这四个层次的内容。有些企业把长期方针和中期方针合二为一，做成一个中长期方针，目的是顺应经营环境的快速变化。

以下是两个比较典型的方针管理构造图。图1-4是某跨国企业方针管理构造图，图1-5是某国外500强企业在华工厂的方针管理构造图。

需要特别说明的是，企业中长期经营计划通常是以3至5年为单位进行规划的。

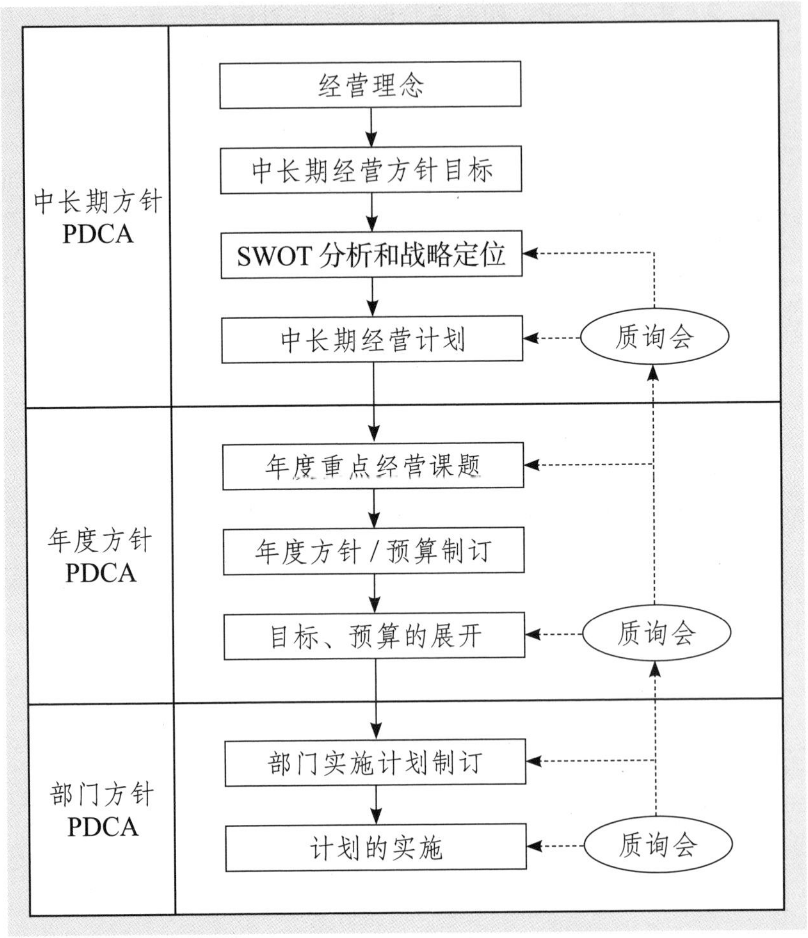

图 1-4　某跨国企业方针管理构造图

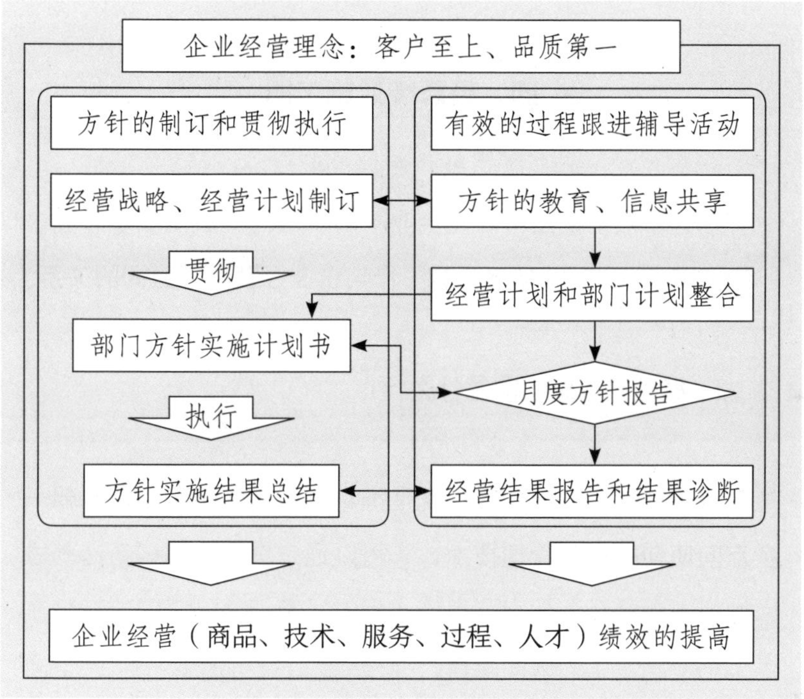

图 1-5　某 500 强企业年度方针管理构造图

四、经营绩效施工图

经营绩效施工图可以让企业不同阶层的员工清晰地看到自己的位置和职责，以及自己的工作与企业经营绩效之间的关系。

1. 经营绩效施工图是什么

所谓经营绩效施工图，就是把企业所有的组织和资源朝一个方向使劲的经营管理技术，它可以通过全员管理创新活动极大地提高企业经营效率和生产水平。经营绩效施工图的精髓在于，它不满足于局部的改善，而是致力于追求持续不断的全面创新。说到底，经营绩效施工图是提升企业经营力的一种有效办法，它注重实现企业全员管理创新改善。

经营绩效施工图有如下几个特点。

◇以 Top-Down“自上而下”和“重点主义”为基本思想；

◇各部门改善创新活动与经营目标直接挂钩，并明确每一项活动对经营目标和经营绩效的贡献；

◇能够有效构筑具有活力的实施体制；

◇及时提示期望达成的目标和基准，有效推动效率提升等各项目课题改善的实施。

经营绩效施工图强调“先定目标后工作”的基本程序，这是符合目标管理要求的。**德鲁克认为：并不是有了工作才有目标，而是有了目标才能确定每个人的工作。**因此，管理者应该以目标为导向对下级进行管理，当组织最高管理者确定了组织目标后，必须对其进行有效分解，转变成各个部门以及个人的分目标，管理者根据分目标的完成情况对下级进行考核和评价。

2. 企业为什么需要经营绩效施工图

企业经营的重要目的之一就是实现持续的成长和盈利。就一个具体的企业来说，它的经营效益到底与经营管理的各个环节（销售、设计、生产等）有什么样的关系，相信很多管理者并不能很好把握。其结果是，许多企业的经营效益成了一个不可预见和难以掌控的“黑箱”，只有年底打开箱盖才知道里面是盈利还是亏损。

管理者缺乏对管理目标和管理过程的有效控制，后果将是严重的，除了不能保障企业经营效益之外，还将在企业内造成以下不良后果。

◇员工不清楚公司的发展方向，经营战略无法落地；
◇管理者分不清工作的轻重缓急；
◇重结果管理，忽视对过程的管控和改善；

◇企业内盛行“老好人主义”，缺乏积极暴露问题的风气，没有改善的意愿和氛围；

◇管理效率和生产效率低下，浪费严重；

◇管理指标不明确，员工评价与晋升缺乏依据，并且会有暗箱操作现象出现，败坏组织文化；

◇无法调动员工的主动性和积极性等。

3. 经营绩效施工图的积极作用

经营绩效施工图具有以下两个方面的积极作用。

（1）经营绩效施工图是连接战略、目标和行动的桥梁

经营绩效施工图的出发点就是把企业的效率以及希望获得的利润编制成一目了然的系统图，通过这个系统图使每个部门甚至每个员工的工作或改善课题与企业的经营目标关联起来。

方针目标管理的第一步是把企业目标分解为职能工作任务或课题，再将工作任务或课题进行进一步分解，绘制成一张详细的施工图，如图 1-6 所示。

方针目标管理的第二步是跟进施工图的实施，有了施工图之后，就可以由项目管理者组织具体的项目施工队伍来负责实施，以便最终达成企业经营目标。

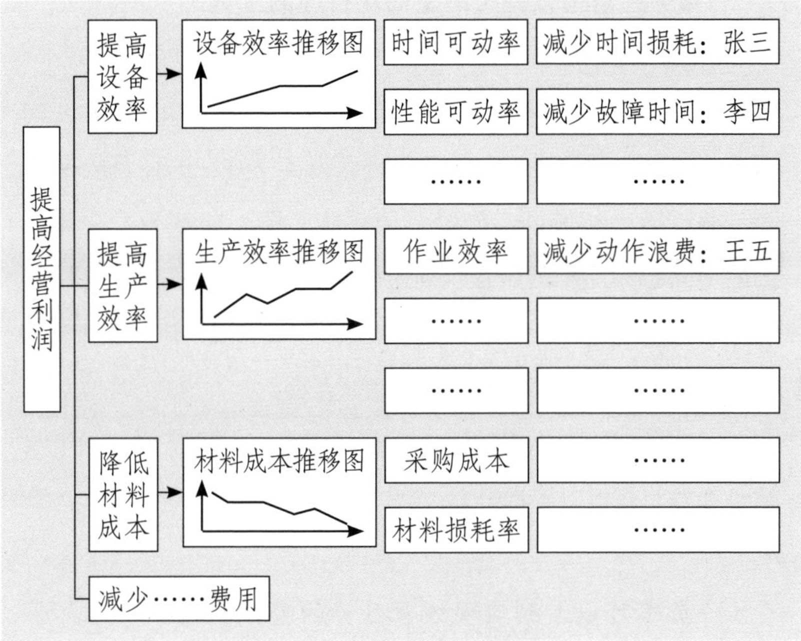
提高经营利润
提高设备效率
设备效率推移图
时间可动率
减少时间损耗：张三
性能可动率
减少故障时间：李四
……
……
提高生产效率
生产效率推移图
作业效率
减少动作浪费：王五
……
……
……
……
降低材料成本
材料成本推移图
采购成本
……
材料损耗率
……
减少……费用

图 1-6　经营施工图样式

（2）经营绩效施工图是简化管理的工具

企业通过经营绩效施工图，可以及时了解企业盈利、成本、效率、生产等方面的状况，并根据所掌握的情况和具体存在的问题决定采取何种措施，从而保证获得实实在在的经营成果。

通过导入和贯彻实施经营绩效施工图，能够激发全体员工的“向心力”和归属感，创造经营管理可视化的工厂环境，消除文件式管理和绩效管理的“暗箱”（谁也讲不清楚的状态）操作，促进企业内部交流，简化管理活动。

通过经营绩效施工图管理活动，还可以在员工培养和组织建设等方面获得以下提升。

◇员工可以看到实现经营目标的整体状态。

◇员工可以清楚地知道要进行何种改善活动，并赋予自己责任。

◇员工能清楚了解与哪些部门合作可以提高成果，从而消除组织隔阂，以便部门间形成合力。

◇个人进行的活动与达成公司或部门目标直接相关，员工能感到自己的努力没有荒废，产生成就感。

◇可以消除员工的被动和逃避意识，培养自立、自主、自信的员工。

第三节
方针目标管理更适合中国企业

一、什么是方针目标管理

结合方针管理的优势，再加上经营绩效施工图，我们提出了“**方针目标管理**”的思想，并通过构建和运营企业内方针目标管理机制，达到构建超强经营力和实现效益倍增的目的。

大量实践证明，方针目标管理不但实用、有效，而且快捷、简单，适用于各类不同规模的企业或组织。方针目标管理机制是经营管理者提升企业经营绩效的重要杠杆和抓手。

1. 方针目标管理的基本流程

方针目标管理的基本流程如图 1-7 所示。

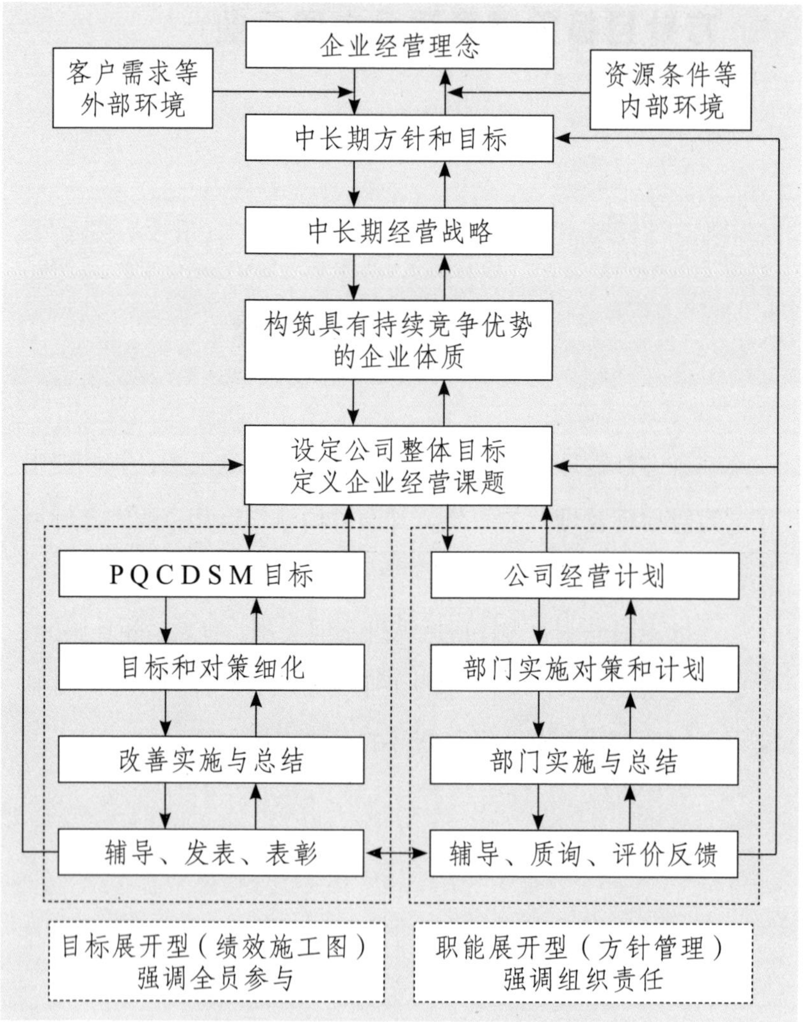

图 1-7　方针目标管理运营流程图

如图 1-7 所示，将方针管理方法与经营绩效施工图进行融合，目的是为实现企业和部门目标提供更明晰的表达和更有力的推动。

2. 经营绩效施工图为目标达成提供支持

企业经营者通过采用经营绩效施工图，可以大大加强自上而下的推动力，为企业内的革新活动创造条件，可以促进管理可视化，将各级目标计划进行分解和上墙展示，对管理过程进行实时跟进，并将员工付出的努力和成果充分展现出来。

可见，经营绩效施工图可以大大提高经营管理效率。这样做不仅能使经营管理过程变得一目了然，还能够使经营管理从混沌走向清晰，把企业领导从琐碎的管理事务中解放出来，从而有更多时间考虑企业未来的发展和规划。

总之，经营绩效施工图是一个简化管理、并让管理一目了然的有效工具，使用它可以大大提高经营管理效率。

二、方针目标管理的作用与步骤

方针目标管理是企业经营者掌控经营全局的实用工具，是提升企业经营绩效的有效手段。它的作用是全方位的，主要表现在以下几个方面。

1. 提升企业对环境的应变能力

经营环境日趋复杂，很容易落入“漩涡”或迷失方向。方针目标管理可以帮助企业采取有效应变措施，及时应对这种变化。

2. 交流思想，统一意志

企业高层可以利用方针目标管理的机会，与部门管理者和管理骨干进行直接的思想交流，传递经营层的管理意志和管理思想，加深团队成员对存在问题的理解。方针目标管理还有利于组织成员阐述意见，统一意志，以及决策事项的有效实施。

3. 把理想逐步变成现实

通过定期跟进、落实各部门的工作，及时提供必要的资源支持，有利于把理想逐步变成现实。

4. 消除改善变革的阻力

改善和变革活动往往会受到来自各个方面的阻碍。方针目标管理能够使企业领导及时了解问题的实质，有利于打破部门本位思想，摒弃小集体意识，消除改善变革的阻力。

5. 化解部门间矛盾，改善部门间协作关系

采用方针目标管理活动中的述职和质询机制，把部门间的问题放在“阳光下”，改善部门间的关系，化解部门间的矛盾。

6. 有利于管理经验的积累

方针目标管理要求各实施部门定期对管理结果进行总结，将工作中的成功经验和失败教训进行整理和学习，有利于企业管理经验的积累和管理水平的提升。

7. 训练和提高部门管理者和业务骨干的能力

这是方针目标管理活动最重要的作用之一。通过运营方针目标管理活动中的述职和质询机制，对部门管理者和业务骨干实施面对面的指导和训练，提升他们看问题的高度以及分析问

题和解决问题的能力。

凭借方针目标管理，可使组织成员参与工作目标的制订，有助于部门和员工自主管理，努力完成工作目标。正因为这些优点，方针管理在企业内被广泛应用，它适用于从企业领导到一线管理干部的各级管理人员，也称管理中的管理。

运营方针目标管理是企业经营者为了提高企业经营绩效的核心工作，是企业内最大的 PDCA 改善提升循环，是运行企业这台“机器”的“驱动轮”。中层管理者、基层管理者以及广大员工为了改进自己的工作需要运营 PDCA 循环，这些 PDCA 循环就是“从动轮”。道理很简单，只有“驱动轮”的力量足够大，并与各部门及员工的“从动轮”充分啮合，企业这台“机器”才会滚滚向前，否则，就会停滞不前。

方针目标管理一般按照以下步骤开展活动，如图 1-8 所示。

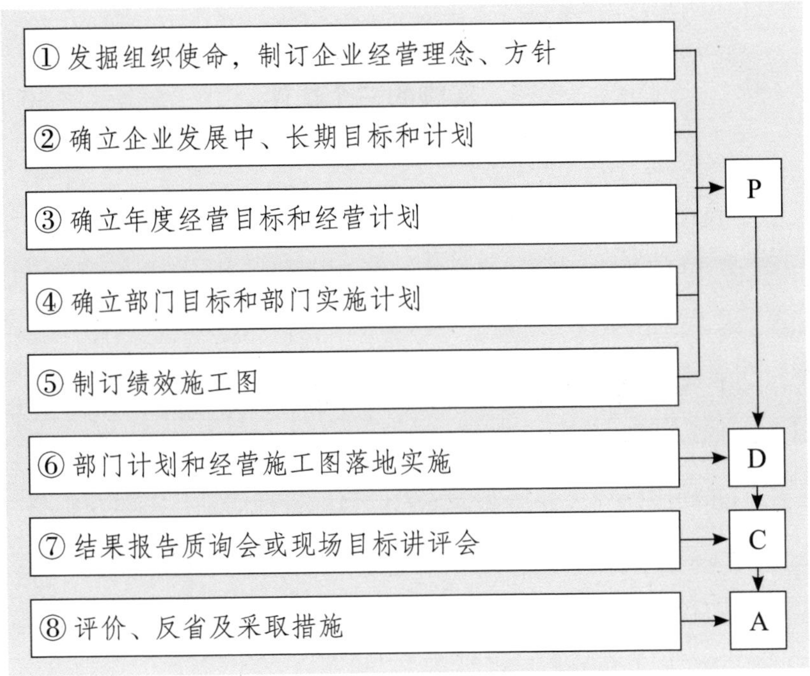

图1-8　方针目标管理活动的基本步骤

三、实施的三个条件

尽管方针目标管理具有较强的操作性，但是在具体实施过程中，企业需要具备一定的条件。

1. 经营管理者要增强意识和能力

要想成功导入并持续运营方针目标管理活动，需要企业经营者（高层）学习和掌握系统思维方法，并训练自己作为教练的意识和能力。

2. 企业经营管理者需要培养足够的耐心

我国许多企业经营者受西方管理思潮影响，学会了所谓的“充分授权”，比较喜欢只要结果、不管过程的“伪”目标管理。长期如此，他们会远离管理的现场，缺乏面对企业具体问题和辅导解决问题的耐心。

只有企业一把手亲自主导并身体力行，对下属管理者进行耐心辅导和积极服务，方针目标管理活动才能取得预期的效果。光靠人力资源部主导的绩效考核，是很难获得成功的。

3．需要提升员工的革新意识和改善能力

要想使方针目标管理得到好的成效，需要员工的革新意识和改善能力相配合。因此，营造良好的学习环境，促进员工参与改善，持续提升他们的意识和能力就显得尤为重要。

四、如何运营方针目标管理

1．运营步骤

方针目标管理的导入和运营工作可以分为表 1–3 所示的 4 个阶段，共 8 个步骤。

表 1-3　方针目标管理导入步骤

阶段	工作步骤	主要工作内容或输出
导入准备阶段	步骤一：高层决定导入方针目标管理	就导入事项、目标等进行决策
	步骤二：成立导入推进组织 ◇推进组织的建立 ◇定义推进组织和干事的职责等	《推进组织架构图》 《推进组织运营管理规定》
	步骤三：管理者和骨干成员教育	着重于意识和能力的培养
	步骤四：导入活动规划与筹备	《方针目标管理导入大计划》
启动阶段	步骤五：导入活动启动	召开启动会
战略规划阶段	步骤六：制订经营理念和经营目标 ◇定义经营理念和综合目标 ◇目标指标的分解 ◇部门利润核算规范化 步骤七：制订经营战略与落地计划 ◇制订企业经营计划 ◇制订部门实施计划	《企业经营理念》 《企业目标与指标展开一览表》 《经营绩效施工图》 《部门利润核算管理规范》 《经营战略和经营课题一览表》 《XX 企业年度经营计划》 《XX 部门年度实施计划》
运营规划阶段	步骤八：绩效辅导和提升机制的运营 ◇经营管理目标指标可视化 ◇部门月度实施结果总结 ◇月度质询会或现场目标讲评会	《方针目标管理运营规定》 《关键指标管理看板或指标室》 《XX 部门实施总结报告》 《XX 公司月度质询结果报告》

2. 管理活动导入

【导入准备阶段】

步骤一：高层决策

方针目标管理是企业经营者改善企业经营的首要工具，必须由公司最高领导决策导入。

步骤二：推进组织的建立

成立以公司最高领导挂帅的方针目标管理推行委员会，成员由公司经营层和各部门负责人组成。委员会下设推进办公室，建议公司级领导 1 人、主管 1 人、干事 1~2 人参与推进办公室工作，负责公司层面的指标管理及日常推进的协调工作，并负责工作的具体推动和所遇到问题点的收集、整理。具体到不同企业，可以有不同的安排，我们通常建议，由企业经营管理部门、革新推进部门或有高效运营能力的总经理办公室等负责这项工作，必要时也可以重新构建一个小组来负责。

图 1–9 是某企业方针目标管理推进组织图。

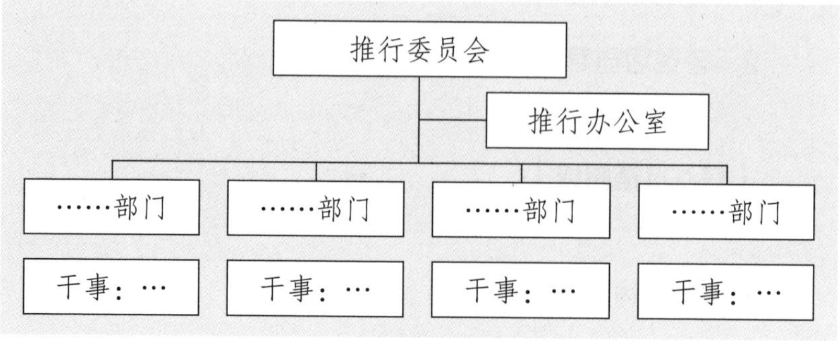

图 1-9　推进组织示意图

委员会和推进办公室确立之后，可以召开第一次方针目标管理导入委员会会议，明确导入委员应承担的责任、工作方式，并指定有关人员建立导入组织，具体负责导入工作。

步骤三：管理者和骨干成员教育

除部门管理者外，每个部门还必须选派两至三名骨干员工参与公司组织的学习活动。通过学习，使他们树立良好的意识，掌握有效的方法，认识担当的职责，激发行动的热情。

步骤四：导入活动规划与筹备

（1）导入活动大计划

制订方针目标管理活动导入大计划，明确各阶段的主要任务和输出内容。表 1-4 是一个导入大计划的例子。

表 1-4　XXX 导入活动大计划

导入阶段和内容		时间（月）					
		1	2	3	4	5	6
导入准备	成立导入推进组织	→→					
	管理者和骨干成员教育	→→					
启动	导入启动仪式		→→				
经营战略规划	定义综合目标和经营战略		→→	→→			
	部门目标定义和细化			→→			
	制订公司经营计划			→→	→→		
	制订部门实施计划				→→		
	经营绩效施工图与可视化				→→	→→	
	制订部门利润核算制度				→→	→→	
运营规划	部门月度实施结果总结						→→
	质询会或现场目标讲评会						→→

以上是一个导入活动大计划，导入完成后需要持续运营月度总结、月度报告与质询会等工作，并通过这一机制促进各部门不断进取，持续提升管理水平。

（2）其他资源保障工作

为了成功导入这项制度，还需要为活动的导入创造必要的软、硬件环境。

◇一间独立工作室（20平方米）用于事务局办公；

◇一间可容纳20人的会议室，用作指标室；

◇为推进办公室配备办公用电话、电脑、打印设备、数码相机等若干；

◇约定若干“宣传阵地”，制作必要的宣传看板；

◇提供其他必要的资源。

【启动阶段】

步骤五：方针目标管理活动导入工作启动

◇召开启动会，领导发表宣言；

◇部门管理者和导入负责人承诺；

◇配合各种形式的宣传活动，即通过全方位、多层次的宣传和动员，为活动的顺利导入造势。

【经营战略规划阶段】

步骤六：制订企业经营理念和经营目标

（1）制订经营理念和方针

由董事会或干部会议制订企业经营理念、愿景、使命和价值观等。

（2）设定企业综合目标

在设定企业综合经营目标的同时，或可以选取学习、借鉴和赶超的管理标杆企业，即 Bench Marking 标杆选定。

（3）部门目标的设定与检讨

以业务职能为单位，通过目标分解活动，设定可行和有挑战性的部门目标。

（4）部门目标的展开和细化

对各部门目标进行分解，决定针对末端目标的对策课题和方案，做成经营绩效施工图。

步骤七：制订经营战略和落地计划

（1）定义经营战略和经营课题

根据公司经营理念及内、外部环境状况，具体定义实现企业综合目标的经营战略和重点经营课题。

（2）经营计划和部门计划的制订

制订公司经营计划和部门实施计划，将公司经营战略和课题展开为各职能部门的目标、任务和对策。

【运营活动】

步骤八：绩效提升机制的运营

（1）经营管理可视化的实现

管理看板是使管理过程和管理结果实现可视化的工具之一。

把经过整理的目标一览表及其数据进行上墙管理，避免因数据的不透明而造成灰色管理或管理腐败等不良现象，创造科学管理的条件，形成“数据面前，人人平等”的管理氛围。同时表达公司持久、深入开展方针目标管理的决心，利于方针目标的长期坚持和效果维系。上墙管理不仅是对企业经营成果的展示，还可以对各重点课题的进度实施跟踪管理，也能对目标计划可行性进行检验。

随着移动互联网的广泛应用，经营管理可视化还可以通过手机端来实现。

（2）部门实施结果月度总结

部门计划制订之后，就要按照计划要求实施约定的管理和改善工作。为了验证管理和改善的有效性，及时反省工作中的不足，提出改进措施，部门需要每月进行实施结果总结，并形成总结报告。

（3）部门报告与领导质询辅导

光有月度书面总结是远远不够的，从跟进、协调部门工作实施和辅导管理者增强意识、能力的目的出发，定期（每月一次）开展小范围部门报告和领导质询辅导活动是十分必要，也是相当有效的手段。

（4）现场目标达成状况讲评会

公司领导通过参与课题改善以及目标达成状况讲评会，了解公司改善活动运营实施状况和基层干部的工作绩效，增加内部交流的机会，表扬先进，鞭策后进，同时表达公司持久、深入开展改善管理的决心，利于改善的长期坚持和效果维系。

（5）标准化与持续运营

对方针目标管理方法进行标准化、制度化，并不间断地运营这些标准和有关的绩效提升机制，累积企业管理智慧，持续改进企业经营绩效。

五、成功的四大原则

导入方针目标管理是企业经营者必须完成的一项战略性管理任务，需要做好积极推进和长期运营的准备。企业既可以根据本书的建议自行导入这项制度，又可以请专业顾问指导导入工作。

为了使这项工作取得实效，需要采取以下四大原则。

◇认清任务，分步实施。

◇上下呼应，全员参与。

◇轻重缓急，有序管理。

◇建好机制，持续运营。

1. 认清任务，分步实施

在管理实践中我们经常发现，许多企业在学习和导入某个管理办法的时候，最终都会煮成“夹生饭”，流于形式。因此，我们建议管理者不要急于求成，而应该仔细理清每一个阶段的任务和目标，分步导入和实施。在导入和实施过程中，注意及时反省、学习和提高，不断积累经营思想和管理技术，并最终形成良好的执行机制和改善文化。

方针目标管理本身也有水平高低之分，需要持续改进。如果有人期望花几个月时间就能够学会并用好方针目标管理，那么也是不现实的。

2. 上下呼应，全员参与

国内许多企业花了不少精力和金钱，导入了以考核为核心手段的目标管理制度，却在企业绩效提升方面收效甚微，有时候甚至阻碍企业发展。究其原因，在于人们理解的目标管理主要强调自上而下的要求和考核，而在辅导下属达成目标，以及自下而上发动员工参与方面少有追求或无所作为，其结果是目标管理过程中企业高层“一头热”，中基层管理者和员工却提不起精神。

正确的做法是：在导入方针目标管理过程中，将目标逐级展开的同时，要和管理者、员工一起研究课题与对策，并广泛开展员工参与的各种改善活动，促使员工为达成目标而付出努力和智慧。可见，在导入和运营方针目标管理的时候，企业高层的意志、部门管理者的推动以及全体员工的参与是成败的关键。

总之，**企业内在的竞争力源泉是持续革新改善文化。**因此，导入和运营方针目标管理，不仅要追求有形的经营绩效，还要持续追求营造改善氛围和创造企业革新改善文化。

3. 轻重缓急，有序管理

在企业经营管理过程中，要认识到目标或课题有主次之分，工作有轻重缓急，千万不能期望管理者或员工关注所有目标或课题，事无巨细地做好每一件事情。作为企业高层，应该有意识地分析和界定企业当前的重点目标以及需要优先解决的重点课题，并且通过企业经营计划以及目标导向（绩效评价等）等形式，引导部门或员工集中精力进行重点课题改善。这样做不仅能够快速提升经营管理绩效，还能够让部门或员工收获成就感。

期望精准和面面俱到的考核以及对目标的全面追求是不明智的，也是不现实的。

4. 建好机制，持续运营

导入方针目标管理是阶段性工作，而其运营则是长期性任务。方针目标管理是服务于企业经营的有效工具，是企业经营活动中最大的PDCA循环。作为负有最终运营责任的企业经营者，要担负起持续运营的责任，绝对不可以怕麻烦，图清闲，轻易授权给某部门来全权负责这项工作，或者抱着“三天打鱼，两天晒网”的态度来对待接下来的运营工作，应该身体力行，积极主导和持续参与。

为了使这项制度持续发挥作用，还要下功夫构建便于坚持的形式和机制，比如月度报告和质询机制、现场督导机制以及目标指标可视化管理机制等。

六、导入完成后的工作移交

方针目标管理的导入工作结束之后，需要顺畅地转入日常运营。要实现有效的日常运营，需要把导入时形成的标准等进行固化和职能移交。

1. 运营工作标准化

导入工作结束之后可以形成超强经营力运营标准，具体包括以下几项。

（1）经营战略规划与落地计划的制订规范；

（2）经营绩效提升机制的运营规范；

（3）企业绩效目标指标体系的维护。

2. 推进部门职能转型或工作移交

导入结束之后，有必要根据企业情况对推进部门及其工作进行具体安排。一般有两种可能的情况：一是直接把推进部门转为经营革新部；二是将运营职能交给另一个合适的部门，比如企管办或总经办等。

第二章

企业经营战略的落地

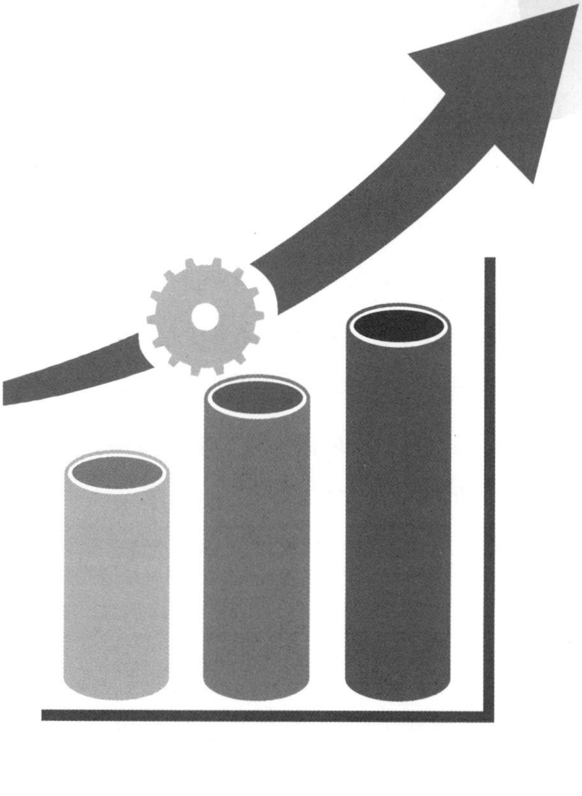

案例

没有战略，终将难以在竞争中生存

某公司总部位于福田CBD中央商务区，这里办公楼林立，是“金领”“白领”们聚集的地方。有需求，就有市场。这里汇聚了上百家快餐店，为的是把需求变成利润，竞争十分激烈。竞争中，有赢就有输。有些店开始时轰轰烈烈，不久后就偃旗息鼓、无奈退出了。创业者们前赴后继，不断提高竞争的层次。

在竞争中，慢慢成长出一批优胜者，他们开始显现出独特的竞争优势，并成为了对手模仿的对象。一家叫XX园的餐馆就是其中的佼佼者，这里等待就餐的队伍总是最长的，着实让对手们“眼红”。很快，一家“山寨”的YY园在不远处开业了，之所以称之为山寨，是因为几乎所有的硬件都是模仿的，连菜谱和定价都一样，许多员工也是从XX园挖过来的。为了观察这家YY园的竞争策略与经营状况，我偶尔会前往这里就餐。

一开始，YY园为了招揽生意，采取了菜品打折政策，合计下来每人20元标准的中餐大致可以省3元左右。一时间虽然确实吸引了不少客户，生意还算兴旺，但是队伍的长度和XX园比起来还有差距。

不到两个月，打折政策取消了，我推测取消的原因是经营上有压力，因为将售价降低15%，在一个竞争这么充分的行业里，亏损应该是肯定的。自从折扣政策取消之后，客人随之减少（收入减少）。可以推断，经营者依然无法改变亏损的局面。

又过了一段时间，我发现这家店换了许多新面孔。我推断，经营者不能坐视亏损，为了利润开始采取一些降低成本的策略措施，其中之一就是用低薪员工把那些从XX园挖过来的高成本员工（当时肯定是靠高薪才挖到人的）置换掉了。

再后来，我发现这家店的菜品原材料不如以前好了，感觉不如以前新鲜了，这大概还是在降低成本……终于有一天，门口贴出了“店铺转让”的告示。

故事到此结束了，作为管理者，你可以从中获得什么样的启示呢？

缺乏经营战略，没有发展出自己的竞争优势，连一家小餐馆都不能立足，更何况是其他企业呢？

第一节 企业经营战略的价值

一、公司战略与经营战略的区别

如果向企业经营层提出一个问题：您知道公司战略和经营战略的区别吗？那么估计没有多少人能够正确说出答案。在这个企业家开口必谈战略的年代，不得不说是一个严重的问题。

“公司战略”和“经营战略”是不同的两个概念。公司战略是限定公司参与竞争活动的范围，即进行行业和竞争领域选择的行为。而经营战略是关于公司如何在一个既定的行业或市场中进行竞争的策略选择，经营战略也叫作竞争战略。

关于经营战略，柯尼茨·奥玛在《战略家思维》一书中指出：“一句话，经营战略规划的唯一目的就是使公司尽可能有效地获得竞争优势。”

公司需要的两大战略层次如图 2-1 所示。

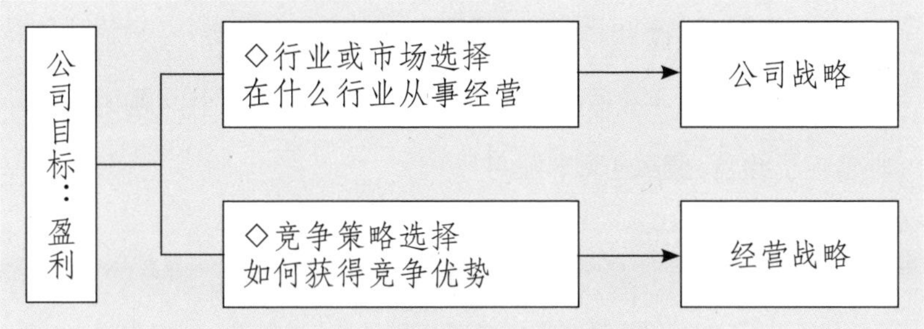

图 2-1 公司战略和经营战略

1. 公司战略

公司战略限定了公司参与竞争活动的范围，即行业和市场的确定。公司战略决策包括对不同行业或业务的投入以及资源在各个部门的配置等内容。

2. 经营战略

经营战略是关于公司如何在一个行业或市场中进行竞争的策略。一个公司要想在本行业内持续发展就必须建立相对于对手的竞争优势，经营战略也叫作竞争战略。

3. 两者的区别

当一个公司面临的战略任务是追求盈利的时候，我们提出的首要问题就是“**公司怎样才能盈利？**”这个问题可以进一步细分为两个问题，一个是**“我们该在哪些行业从事经营？”**另一个是**“如何在这些行业里参与竞争和获得优势？”**对前一个问题的回答描述了公司战略的基本任务，对第二个问题的回答则描述了经营战略的基本任务。

表 2-1　公司战略和经营战略的区别

	公司战略	经营战略
研究对象	资源配置	策略研究
管理任务	研究与决策	规划与实施

一个公司或企业要想取得成功，最关键的工作是要建立自己的竞争优势。从操作层面上说，经营战略的问题远比公司战略来得具体且重要。当然，战略的两个层次是紧密相连的，不能偏废。

本书阐述的重点是经营战略，而不是公司战略。

3A 作为一家专业的顾问公司，长期研究和追求的目标就是如何帮助公司或企业获得竞争优势。

二、经营战略管理的三大作用

1. 决策支持

经营战略管理是企业成功的关键因素，因为战略可以使个人或组织所作的决策保持一致性。

因此，当我们提出某一个经营战略时，可以缩小诸多决策选择的范围，就可以大大减少寻找可接受的解决方法所需的调查研究活动，从而简化决策过程，提高工作效率。

2. 协调和沟通

经营战略管理有助于使决策前后一致，保持政策的连贯性。

在一个组织中，战略可以起到载体的作用。组织是由大量个体构成的，一些大型企业有数十万员工，这个庞大的组织面临一个大问题：如何协调不同的决策？这就要求经营战略在公司内发挥协调和沟通载体的作用。一个重要的趋势是：大公司管理者认识到经营战略管理的重要性，已经逐步将经营战略管理的责任从公司的计划部门或人力资源部门转移到高层管理者自己身上。

这种转移的好处在于，可以使经营战略规划和实施过程成为公司内协调和沟通的平台，管理者能够与个人、部门负责人以及各职能部门专家进行面对面的有效沟通。

方针目标管理中的公司经营计划书、部门实施计划书、月度或年度述职报告以及质询会等形式和内容是许多优秀企业实现沟通的有效工具。

3. 作为目标的经营战略管理

在表述企业未来目标时，经营战略起到连接当前任务和未来愿景的作用。确立企业未来目标不仅可以为企业制订战略和计划提供明确的导向，还能帮助企业和员工展望美好的未来。因此，经营战略管理可以作为组织的目标，为组织成员展示公司的“战略意图”，成为企业为获得竞争优势的一种协同追求。

我们常常称这样的目标为战略目标，一家优秀、有责任的企业必须提出这样的目标。

三、经营战略成功的四大要素

要想使经营战略获得成功，应该从许多方面做出积极的努力。从各种组织或个人战略成功的背后，我们可以发现一些共性的东西，如图 2-2 所示，是经营战略成功的四大要素。

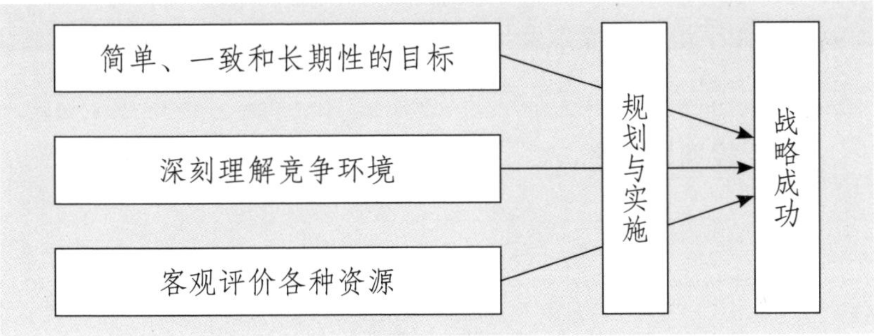

图 2-2 经营战略成功的四大要素

1. 简单、一致和长期性的目标

有效的目标通常会表现出简单、一致和长期性等特征。一个组织如果拥有多个表述复杂或者经常变更的目标，那么这个组织就不可能构建自己的竞争优势，成功也就变得不可预期了。相反，只有那些有明确而简单的目标，并且能够持之以恒地追求的公司才有可能获得成功。

2. 深刻理解竞争环境

一个组织要制订适合自己的战略，有必要深刻理解自己所处的竞争环境。

3. 客观评价各种资源

了解和评价自身的资源条件，以便扬长避短，即克服和避免缺陷和不足，最大限度地利用内部力量。

4. 规划与实施

没有有效的规划与实施，即便制订再好的经营战略也毫无意义。一个企业要想有效地规划和实施经营战略，必须保证它的组织和领导能够高效地整合各种资源，及时根据竞争环境的变化做出适当的反应。

第二节
企业经营战略规划

企业经营战略规划是企业高层展开方针目标管理活动的第一步，是思考公司发展方向和经营战略的重要环节。

经营战略规划的内容主要包括以下几点。

◇经营理念：阐述企业除了盈利以外存在的目的。

◇经营目标或愿景：主要阐述企业未来应该成为什么样的问题。

◇中长期计划：定义规模或能力上的目标。

◇经营战略：为了落实经营理念和实现经营目标，研究规划应该采取的关键策略，并将策略转化为重点经营课题或部门职能任务。

在进行经营战略规划的过程中，需要企业经营者学习和掌握具体有效的分析方法。

一、企业经营战略规划总体框架

企业战略规划的总体框架如表 2-2 所示。

表 2-2　企业战略规划的总体框架

层别	方针结构	输出形式
高层	经营理念	中长期计划和年度经营计划
	经营目标	
	经营战略	
中层	部门职能	部门实施计划
基层	业务规划	个人目标卡

二、SWOT 分析法

1. 经营形势 SWOT 分析法

SWOT 分别指的是企业面临市场中的机会（Opportunities）和威胁（Threats)，以及所具备的优势（Strengths）和劣势（Weaknesses）。优势和劣势是指公司及其产品层面，而机会和威胁通常是指公司不能控制的外部因素。SWOT 分析包括理解和分析公司的优势和劣势，明确公司受到的威胁以及市场中存在的机会。即要求企业高层在学会分析企业经营的内、外部环境等条件的基础上，对企业整体适应性进行调整，确保企业能够持续地向宏图大业迈进。

进行经营形势分析需要考虑的信息和要素如下。

◇国内、外经济政治形势和金融法律政策

◇市场和客户需求变化、购买行为趋势

◇对手的发展和未来动向

◇原材料供应以及价格变动趋势

◇企业资源条件、经营管理上的瓶颈等

2. SWOT分析案例说明

某企业的内、外部环境分析结果如表2-3所示。

表2-3 内、外部环境分析结果

分析项目		内容
内部条件	优势 Strengths	产品品质稳定，获得过国家级奖励 技术优势明显，新品研发速度快
	劣势 Weaknesses	品牌知名度较低 生产规模较小，成本竞争力处于劣势 成本中材料费占比高，并有增长趋势
外部环境	机会 Opportunities	市场规模急剧增长 变频（节电）趋势明显
	威胁 Threats	竞争对手增加 价格下跌，利润空间变小

为了便于得出经营战略和重点策略课题，我们可以采用表2-4的形式进行整理和表述。

表 2-4　某企业 SWOT 分析案例

SWOT 分析	机会 Opportunities 1. 市场规模急剧增长 2. 变频（节电）趋势明显	威胁 Threats 1. 竞争对手增加 2. 价格下跌，利润空间变小
优势 Strengths 1. 产品品质稳定，获得过国家级奖励 2. 技术优势明显，新品研发速度快	（SO 战略） 通过大胆地市场开拓来提高顾客认知度	（ST 战略） 1. 扩大品牌知名度 2. 扩大新品的销售
劣势 Weaknesses 1. 品牌知名度较低 2. 生产规模较小，成本竞争力处于劣势 3. 成本中材料费占比高，并有增长趋势	（WO 战略） 1. 实现规模经济 2. 开展降低材料费活动	（WT 战略） 1. 利用 OEM 生产 2. 流程改善，降低生产成本

只要在经营活动中具体、有效地落实以上经营战略，企业的竞争优势就能得到维持甚至提升。

以上只对 SWOT 分析法做了简单介绍。除此之外，专业人士还会使用许多其他战略分析工具，可以通过查阅有关资料进行学习。对于非专业人士，我下面会介绍一种更简便的战略分析方法。

三、经营战略系统图分析法

企业经营战略是企业获得竞争优势的策略选择，就是确立持续获得经营利润的战略举措。

1. 系统图分析法概要

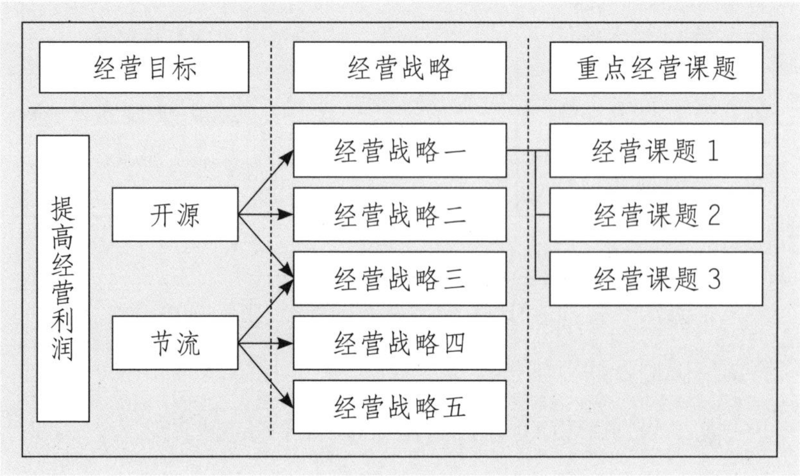

图 2-3　经营战略系统图分析法

2. 某商场提高利润的系统思考

为了让读者更直观地了解系统图分析法，现以一个商场的例子来加以说明。商场要提高经营利润，同样可以从开源和节流两个方面展开系统思考，如图 2-4 所示。

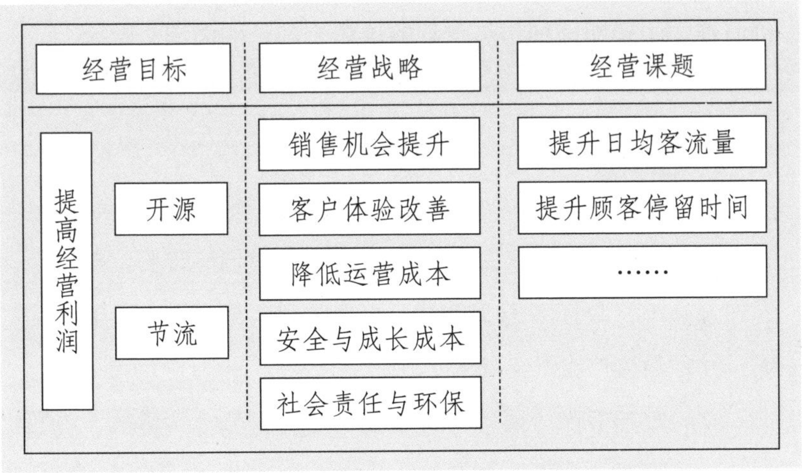

图 2-4　商场利润提升的经营战略和重点课题

从以上分析可见，管理者可以快捷有效地导出经营战略和经营课题，不需要过多地理论推导。

但是，看似简单的推导过程，企业经营者如果没有良好的系统化逻辑思维能力，不能对内部环境有很好的把握，不能对行业规律和未来发展有很好的洞察，那么将很难定义正确的经营战略和重点课题。许多企业，尤其是大企业为了不在战略方向上犯错误，宁愿花费高额的顾问费用请专业人士做战略规划，原因就在于此。

四、经营战略规划结果

企业经营战略规划的结果通常包括经营理念、经营目标、价值观、中长期计划和经营战略这五个部分的内容。

1. 经营理念

所谓经营理念就是经营者对企业存在价值的理解。好的经营理念必须符合社会道德伦理，符合法律、法规要求，有使命感，并容易被广大员工接受。

有的管理者把“挣钱”理解为企业存在的唯一目的，这是不正确的。成功的企业经营者一定要有社会责任感和使命感，要以崇高的思想影响员工、领导企业和服务社会。

稻盛和夫对企业经营理念有一个很好的定义：在追求全体员工物质和精神两方面幸福的同时，为人类社会的发展进步做出贡献。

我们不能想到更好的语句表达经营理念的话，建议直接套用稻盛和夫的定义即可。这句话朴实无华，面向未来，永不过时。

2. 企业战略定位与经营目标

21 世纪是一个高度竞争的时代，企业必须通过个性化经营方可获得竞争优势。这就需要企业进行清晰的战略定位，明确到底以何种个性化优势赢得目标客户的信赖。有的企业以低成本为卖点，有的企业以高质量为卖点，有些企业以安全为卖点。

有了这个战略定位，我们就可以定义相应的目标。

经营目标可以是企业愿景的一部分或全部，经营目标要与经营理念相一致。

3. 价值观

虽然许多企业都有价值观的定义，但是看上去都是些有时代烙印的应景文字，比如顽强、拼搏、合作、沟通等。所谓价值观，就是那些用来衡量做人、做事、做企业何为正确的基准表述，比如诚信、敬业等。

企业经营者对企业价值观的定义建议以 8 个字或 8 个字以内为宜。

4. 中长期经营计划

中长期计划就是企业希望在未来 3 年或 5 年要达到的高度。中长期计划通常可以使用具体的规模数据来进行描述，如销售额、利润额、市场占有率等。

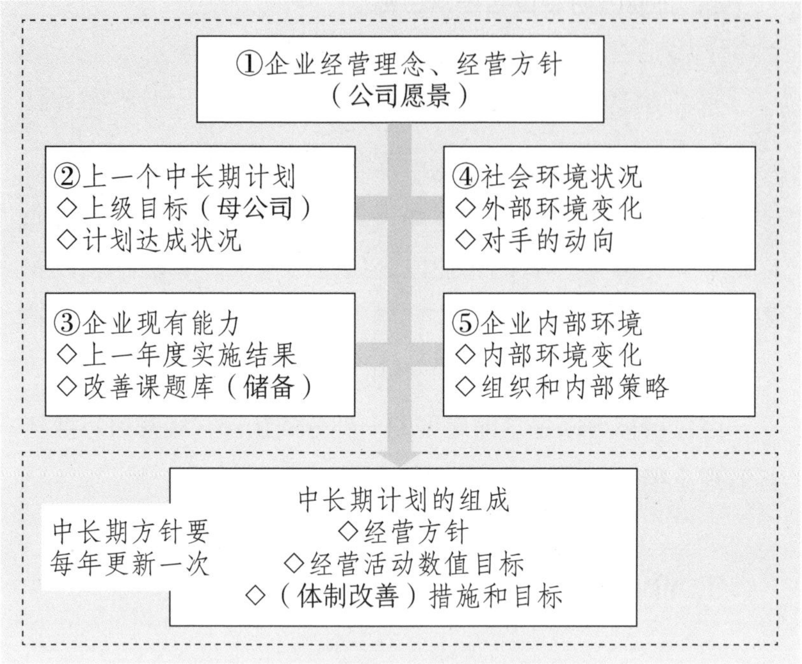

图 2-5　中长期经营计划规划概要

5. 企业经营战略

所谓经营战略，是企业如何参与竞争和获得竞争优势的策略，是企业为了实现企业经营目标和中长期目标，依据企业资源条件而做出的策略选择。

表 2-5 是某企业战略规划的结果。

表 2-5 经营理念、经营战略规划结果案例

规划输出	案例或说明
《经营理念》	在追求员工物质和精神两方面幸福的同时，为社会的发展进步做出贡献
《经营目标》	做全球最具竞争力的家电企业
《价值观》	诚信、敬业、务实、创新
《中长期经营计划》	战略目标：五年内进入行业前三，管理上成为行业标杆 三年目标： 年度销售额 60 亿元，利润 5 亿元 五年目标： 年度销售额 90 亿元，利润 8 亿元
《企业经营战略》	提升销售额和外销比例 全面提升自主研发能力 持续改善品质，减少客诉件数 打造有竞争力的低成本体质 供应链优化与物流效率提升 社会责任与环境改善

以上案例看上去简单，实际上却是科学分析的结果。

许多时候，企业经营理念和经营目标并不是简单规划的结果，而是企业经营过程中逐步积淀的产物。

五、经营战略展开和落地

企业经营方针规划阶段的核心输出是企业经营战略，而经营战略必须展开为可操作和可实施的经营课题。如果经营战略不能有效展开为经营课题，没有具体的实施计划、有效的措施和积极地落实，那么策略终将成为一句空话。

表 2-6 是一个将经营战略展开为经营课题的很直观的例子。从中可以看出，一个经营战略通常可以展开为一个或多个经营课题。考虑到公司资源的局限和对经营战略的贡献，在定义经营课题的时候并不需要面面俱到，而是有选择地列出与经营战略对应的重点经营课题。因此，重点经营课题有时候又被称为“公司重点实施项目”。

表 2-6　企业经营战略的展开案例

<table>
<tr><th>经营战略</th><th>展开为重点经营课题</th><th>计划</th></tr>
<tr><td rowspan="3">全面提升企业自主研发能力</td><td>◇ XX 核心技术引进</td><td rowspan="6">公司经营计划
↓
部门实施计划</td></tr>
<tr><td>◇每年开发新产品 2 款</td></tr>
<tr><td>◇每年改良老产品 3 款</td></tr>
<tr><td>持续改善品质，减少客诉件数</td><td>◇挑战不良率 10PPM 以下
◇供应商能力提升支援 3 家
◇质量体系外审 B 缺陷为零</td></tr>
<tr><td>打造有竞争力的低成本体质</td><td>◇提升生产效率 20%
◇降低采购成本 3%
◇降低消耗品用量 15%
◇ XXX 费用率降低 1%</td></tr>
<tr><td>……</td><td>……</td></tr>
</table>

六、职能需求与组织架构设置

每一个企业都会有一个组织架构图，如何合理设置组织架构图是一门学问。我根据经验给出以下简单的指引。

1. 职能需求

所谓管理，就是指通过计划、组织、领导和控制资源投入，以更高效的方法或措施来达成组织目标的活动。

管理到底要管什么呢？我将之定义为以下三个方面。

◇投入管理：即对各类投入资源，如人、财、物等进行的管理。

◇产出管理：即对Q（品质）C（成本）D（交货期）S（安全）M（员工积极性）等进行的管理。

◇流程管理：即对流程价值和流程时间进行的管理。

有专家把管理简单地表述为：管理就是管人和管事。听上去颇有道理，却是含糊不清的，不利于管理者理解管理的内涵和真谛。

2. 组织架构设置

当某项投入或者产出大到一定规模的时候，就需要用一个组织或团队来履行此项职能，即需要在组织架构中设计对应的部门组织。比如，一个初创企业，企业经营者身兼数职，所有人事、行政或财务等工作“一肩挑”，公司可以没有人力资源部门、行政部门或财务部门。当企业规模扩大之后，成立这些部门就势在必行了。同理，销售部门、物流部门、设备部门、技术部门、品质部门、品牌管理部门等都是如此。

有趣的是，企业一般没有部门来管理流程价值和流程时间，即没有人对跨部门流程的时间和价值负责任。其结果是，一些跨部门的问题成了困扰企业发展的瓶颈，却没有办法予以有效解决。管理者经常抱怨部门间互相“踢皮球”，这并不一定是部门职责不清楚的缘故，也有可能是职责太清楚，以至于人们对职责外的事物毫无兴趣。

优秀企业的做法是，成立以横向解决问题为核心目标的经营革新部门，并以此部门为主导，建立起对应跨部门课题的跨部门团队，积极解决那些关系到企业发展的焦点课题。

由于一个企业的投入和产出是相对稳定的，因此最高管理者要尽可能保持组织的相对稳定性。要知道，调整组织架构对企业来说通常都会带来组织震荡，随意调整组织架构是不可取的。当然，这样说并不是要保持组织架构一成不变，如果经营中关注的投入（资源）和产出（结果）发生变化，那么应这种变化而做的组织架构变更是必要的。

七、部门基本职能定义与授权

找到经营课题之后，接下来的问题是决定由谁（哪个部门）来完成。这就需要我们对部门职能有一个清晰的界定和认识。**定义部门职能就是企业经营者对部门实施职能授权的过程。**

1. 认识企业部门职能

我们经常听到这样的议论或不满："我们公司执行力不好主要是因为高层对部门工作的要求不明确。""我们公司部门间相互扯皮，是因为部门职责不清楚。"诸如此类，不胜枚举。

企业管理者这样说，管理专家、教授也这样说，这一说法已经成为部门管理者逃避责任的口头禅。

人们总是期望公司高层一劳永逸地界定好各部门的具体职责，使得各部门能自觉围绕部门职责开展有效的工作。事实上，企业管理中具体的工作千千万万，怎么能面面俱到地定义好每个职责呢？**我们对部门职责的界定要有一个正确的认识：企业只定义部门的基本职能，部门管理者要站在公司的高度认识部门的职能，思考部门的工作，经营拥有的资源。**

2. 定义部门基本职能

在企业经营方针和经营目标的表述中，有一点常常被忽略，那就是经营方针落实到部门时，应该是什么样子？

事实上，公司经营方针和经营目标落实到各部门时，应该形成明确的部门方针，或者叫作部门基本职能，作为各部门努力的目标和方向，这一点非常重要。如果说关注企业使命和事业宏图能让大家增强凝聚力和干劲（我们为什么在一起），那么明确部门基本职能就是让大家知道从何做起，即我们工作的目的是什么！

确定部门基本职能的步骤如图 2-6 所示。

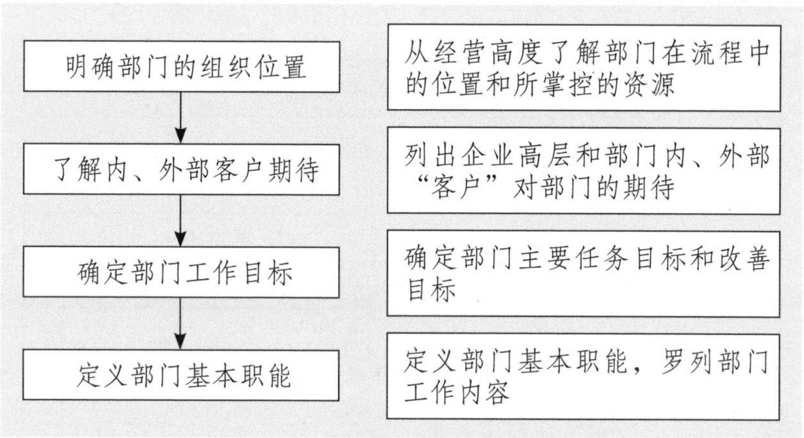

图 2-6　确定部门职能的步骤

通过对上述问题的探讨，可以帮助我们确定部门基本职能。探讨的要点是依据组织的实际状况确定部门在流程中的地位和作用。表 2-7 是一些描述主要职能部门基本职能的例子，以供参考。

表 2-7　某 500 强企业部门基本职能描述

部门	基本职能
生产部	确保产品品质达到要求，完善生产设备与作业条件管理，按期高效地达成生产计划
品质部	保障向客户提供高品质的产品，迅速解决顾客提出的问题，及时采取改善措施，防止问题的再次发生
物料部	根据生产计划和出货计划，在保证安全的前提下，高效、及时、准确地向生产区及客户提供良品和物流服务

续表

部门	基本职能
采购部	按时、按质、按量提供价廉质优的生产零件和材料，满足生产的需要
人资部	制订和执行公司人事政策，努力提高员工工作积极性；培养和吸纳适应公司发展需要的人力资源
总务部	努力提高员工满意度；保障工厂安全及基本设施的有效运行；推进环境及环境管理体系的持续改善
计划部	最有效地利用人员、设备、物资、情报等资源完成客户订单任务，保证按期、按量把价廉物美的商品送到顾客手中
技术部	为了确保产品品质满足客户要求，根据顾客指示和设计要求，明确生产条件（含维持、变更），指示和指导关联部门实施
设计部	调查客户需求和收集市场信息；负责新技术、新产品的开发、专利申请；负责新产品批量生产前的技术支持
电脑部	确保公司电脑的正常运作；负责 ERP 系统及公司通信网络系统的维护和改善
业务部	市场调查与开拓；明确顾客意见，提高顾客满意度；确保进、出口业务的通畅
企划部	公司事业发展及业务改进活动的系统推行；员工与工作环境的活性化；经营战略和经营计划的制订和跟进、落实

部门职能不是一成不变的，不同企业、不同时期可能会有不同的流程设计或职责分工，部门基本职能也会随之发生某些变化。

有些企业在定义部门职能时，采用条目的形式罗列部门日常工作内容，这样做看上去清晰，却不能体现职能的目标和追求。让部门管理者学会用简练的语言来表述自己部门的职能目标和追求，要比简单罗列日常工作任务更有意义。表 2-8 是两个企业的品质部职能表述的对比。

表 2-8　品质部职能表述的对比

	职能表述
A 企业品质部	◇ 保障向客户提供高品质的产品，迅速解决顾客提出的问题，及时采取改善措施，防止问题的再次发生
B 企业品质部	◇ 负责对公司的所有产品进行最终检查 ◇ 负责对生产过程中的在制品进行抽样检查 ◇ 制订和维护公司品质检查基准文件 ◇ 负责 ISO9000 系统的认证审核 ◇ 负责客户投诉的处理 ……

3. 经营者对部门实施职能授权

关于授权，管理者有许多期望，关于如何实施有效授权却往往认识不足。人们一般认为，把自己的工作、职权口头或书面委托给某个人（这个人通常是职位较低的下属），就是授权。虽然这没有错，但是，**经营过程中最重要的授权形式是经营者对各职能部门的授权。**通过定义部门职能，并在经营计划中以课题的形式来实现经营者对部门的授权，才是最有效的授权形式。

得到经营层的职能授权之后，部门管理者就要以“经营者”的姿态开始规划部门的重要工作了。这就要求部门管理者不能计较本部门的得失，而应该站在公司的高度去思考问题，并在被授权的职能领域积极协调各部门的工作，努力达成经营者期望的目标。

第三节
企业经营计划的制订

企业经营方针、经营战略、部门基本职能定义之后，接下来就是如何展开为执行计划。

作为一家独立运行的企业、事业部或工厂，战略目标管理活动通常需要关注和运行以下层面的执行计划。

◇公司层面的《公司经营计划》

◇部门层面的《部门实施计划》

集团企业还可以在《公司经营计划》之上运营《集团经营计划》，以统括集团内各事业部、分公司或工厂的战略业务。

为了便于读者学习和掌握，本书重点对《公司经营计划》和《部门实施计划》进行说明。

一、经营计划的必要性

1. 达成战略目标的需要

许多领导者往往只关心结果，因而他们制订完经营战略之后，就不关心具体的执行过程了。他们希望中层管理者和员工能够自行完成目标，却不给执行人员指出一条到达目标的路线。这样做的结果往往是经营战略中途流产，无法达成最终目标。为了有效提升企业经营绩效，领导者不仅要制订经营战略，还要在充分考虑企业运营情况基础上，制订出一份将部门、人员和战略联系在一起的经营战略执行计划，即经营计划。

2. 部门协调的需要

要使各个部门为了共同的目标协调一致，就必须使各个环节都基于相同的假设和条件，可见企业制作经营计划十分必要。

3. 目标整合的需要

领导者大多倾向于制订较高的目标，但必须注意到，如果目标高得超出了管理者和员工的能力范围，那么目标将变得毫无意义，这时的目标只不过是领导者的一项良好的愿望而已。

因此，领导者要通过上下协调整合来解决这个问题。

作为领导者，不能只给下属一个数字作为目标，还应当与执行者一起就具体的执行步骤、改善方案进行讨论，看看用什么措施可以达成这个目标。

4. 明确经营和管理层职责的需要

企业经营者不仅给管理或执行层分配目标，并以计划文件的形式予以明确的授权。同时经营层还需要约定在经营资源上对管理或执行层予以怎样的支持，并对他们的工作进行必要的协调和指导。

二、经营计划与经营战略的关系

以下用图 2-7 所示的案例来说明经营战略的展开过程，具体了解企业经营战略、经营课题、企业经营计划和部门实施计划之间的相互关系。

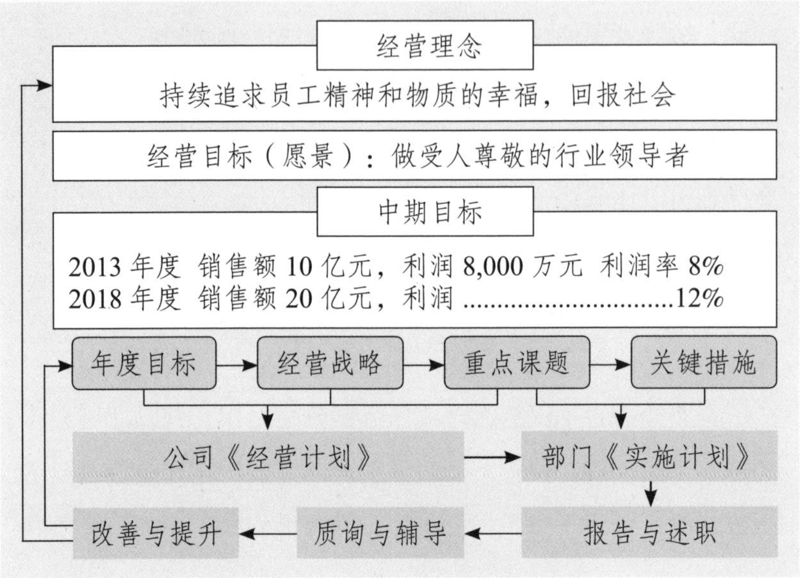

图 2-7 经营战略展开示意图

就一个独立运营的企业来说，不管规模大小，也不管组织架构上规划了多少个层级，员工的职务级别有多少，我们必须将这些层级进行归类划分，最后定义成经营层、管理层和执行层三个级别。否则，企业经营的力度必将因为过多的层级而衰减，不利于目标的实现。

关于减少自上而下执行层级的问题，有一种错误的“组织扁平化”观点值得我们注意，他们把组织扁平化简单理解为将组织内的职务层级减少。正确的做法是，根据组织发展和员工职业规划的需要设计适当的职级，为员工个人成长准备好晋级的空间和通道；在业务及指令执行层面，学会定义如图 2-8 所示的三级执行机制。

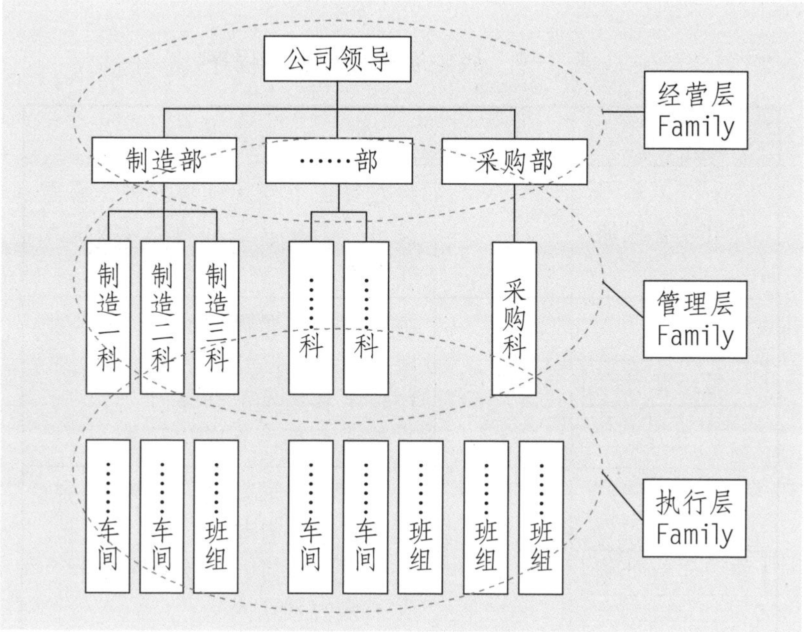

图 2-8　组织结构层级示意图

在上图所示的组织架构中，部长不仅要参与或主导管理层的工作，也可能需要参与经营层的活动。那么到底该由部长还是科长来负责管理层计划呢？需要具体问题具体分析，如果某位部长对业务不甚熟悉，那么由他来主导管理层计划有利于他尽快熟悉业务。如果某位部长十分熟悉部门业务，并能够在公司层面发挥积极作用，就要考虑由其下属科长来主导管理层计划，以便让科长获得机会，快速成长。

企业经营战略展开仅为经营课题还不够，还需要转化为可实施和可跟进落实的计划。

经营战略自上而下展开为计划的程序如表 2-9 所示。

表 2-9　战略展开为计划的程序

计　划	计划层别	主要内容
公司经营课题	/	针对每一个经营战略方向，需要提出一个或以上与之对应的重点经营课题
公司经营计划	经营层	决定公司经营课题的目标及优先顺序 1. 确定责任及配合部门 2. 制成半年或年度计划书
部门实施计划	管理层	1. 承接上司的课题，并提出部门课题，决定目标 2. 提出具体可行的实施措施和负责实施的责任人 3. 制成半年或年度计划书
岗位责任描述 或个人目标卡	执行层	为了简化管理，并着力发挥一线员工的积极性，我们不主张对岗位责任和个人目标进行事无巨细的描述和管控，而以持续改善来予以替代

三、低效落后的经营计划模式

我们在企业实施顾问辅导过程中，经常与企业高层沟通经营计划的问题。我们所看到的企业中，绝大多数企业采用的是文字化的企业经营计划模式。很显然，这种计划模式已经远远落后于时代发展的要求，我们必须学习全新的经营计划模式。

表 2-10 是某企业计划案例摘要，许多企业都在采用这样一种落后的计划模式。

表 2-10　某企业年度经营计划

案例：某企业年度经营计划
《20XX 年年度经营计划》 一、20XX 年度经营目标 销售收入增长 30% 以上，完成销售额 5 亿元， 销售利润提高 40%。 二、为了达到和超过公司经营目标，我们要做好以下八个方面的工作 1. 制度创新，组织创新 20XX 年是我们公司的创新年，要做好制度创新和组织创新工作。 所谓制度创新就是要从我们落后的管理制度入手，彻底地来一次制度的革新和变革，从制度创新中追求效率和效益。

所谓组织创新就是要从我们的组织建制和团队建设的高度出发，研究提高企业经营效益的思路和办法。我们要充分发挥党、团、工会组织的作用，带领公司全体员工鼓足干劲，力争上游，全力以赴，努力完成或超额完成公司董事会下达的年度销售任务。

2. 做好销售工作

销售是企业的龙头，是重中之重。

销售1部必须完成2000万元的销售额，销售2部必须完成3000万元的销售额，销售3部……

今年的销售工作要注意，加强末端经销商的培训和辅导，积极做好风险评估和控制工作，注意减少应收款风险。

公司所有部门必须为销售工作提供积极的支持和服务。

3. 做好技术开发工作

为了提升销售额，保障销售利润，必须着重做好新产品和新技术开发工作。第一，设计开发部要加强技术队伍建设，设法调动技术人员的积极性；第二，要指派专人深入市场，了解和研究客户需求；第三，要做好技术人员培训工作。

4. 做好……工作

……

最后，希望全体员工认真领会公司董事会关于制度创新和组织创新的精神，积极主动提出创新建议，为达成公司总体经营目标做出贡献。

读完以上案例，我们应该感到一些欣慰，因为比起许多企业来说，这家企业的领导是有思想的，而且还有一些不错的策略性思考。

即便如此，这种文字化的经营计划仍有以下不足。

1. 文字多，图表和数据少，缺乏对现状的认识

有时候通篇以文字叙述为主，对经营管理工作只作定性的甚至是感性的描述，缺乏对现状的认识和理性的内容，不能很好地指导各部门的具体工作。

2. 经济目标指标多，管理或改善目标指标少

特别强调销售目标、盈利目标或产值目标，缺少对其他管理或改善目标、指标的认识和要求。

3. 战略思考谈得多，对战略课题研究少

企业经营战略大多停留在思维的层面上，不能转化为企业经营战略课题，更不能转化为具体有效的和可执行的经营计划。

4. 愿望和要求多，具体措施和办法少

对下属提出诸多的普遍性要求（企业管理者的愿望），而提不出具体有效的措施和策略。

5. 缺乏时间概念

没有设定时间限，没有计划应有的紧迫性。

导致这样的结果，并不是企业管理者的错，它是社会管理

模式的一种简单复制。复制的原因是，专家学者自身并不懂得如何做企业经营计划，甚至在 MBA 课堂里也没有对学员进行这方面的训练。

6. 企业经营缺乏连续性，管理不能积累

企业经营缺乏连续性，换一个领导就换一个说法，好的经营战略得不到坚持，好的理念文化得不到传承，其结果是企业管理水平不能得到持续提升。

7. 无法确认和验证，不能跟进落实

这是以上落后经营计划模式的致命伤。因为没有可落地、可验证的措施和计划，没有年中的跟进辅导和持续改进，光靠年终绩效考核，是无法获得好绩效的。

事实上，世界 500 强企业是这方面最好的老师。但是由于这一类计划涉及企业经营机密，他们不愿意将运营企业经营战略和经营计划的成功做法如实公之于众。所以学习、体验或掌握 500 强企业制作和运营经营计划精髓的管理者少之又少。

我有幸在 500 强企业直接推动这项活动并为许多客户成功导入这项活动，深知方针目标管理方法的巨大威力。我大胆设想，**如果中国企业都能学会制作和运营本书推荐的方针目标管理方法，中国企业的整体运营效率将可以提高 30%–50%，甚至更高。**

四、如何制订公司经营计划

广义理解企业经营计划的时候，除了我们通常理解的业务和改善计划之外，它还应该包括财务预算等内容。由于财务预算等不是本书的重点，因此之后叙述的企业经营计划，只针对业务和改善的内容。

1. 企业经营计划的基本样式

企业经营计划可以根据企业具体情况做成年度或半年度的两种。标准化程度和管理水平较高的企业通常可以选择运营半年度经营计划，而标准化程度和管理水平稍逊的企业，可以选择运营年度经营计划。目前，国内企业建议选择后者为佳。

表 2-11 就是一个企业年度经营计划的格式范例。

表 2-11　企业年度经营计划的格式范例

经营战略	重点经营课题	管理目标	管理指标	达成时间	主导部门	协助部门
1. 销售突破	(1) 国内销售提升	10% ↑	销售额	2015.12	销售一部	计划部 品牌部
	(2) 出口销售提升	20% ↑	销售额	2015.12	销售二部	计划部 品牌部
	(3) ……	…	…	…	…	……
2. 降低成本	(1) 采购成本降低	3% ↓	采购成本	2015.12	采购部	设计部 技术部
	(2) 生产效率提升	20% ↑	生产效率	2015.12	制造部	设备部 品质部
	(3) ……	…	…	…	…	……
3. 产品开发	(1) 新产品开发	3 款	开发款数	2015.12	设计部	技术部 品质部
	(2) 老产品改良设计	2 款	改良款数	2015.12	设计部	制造部 采购部
	(3) ……	…	…	…	…	……
4. 品质改善	(1) 不良率降低	30% ↓	不良率	2015.12	品质部	技术部 设计部
	(2) ……	…	…	…	…	……
5. ……	……	…	…	…	…	……
6. ……	……	…	…	…	…	……
7. ……	……	…	…	…	…	……

2. 经营计划书的内容和案例

年度或半年度计划通常应该包括下面的内容。

◇ 经营战略方向和年度重点经营课题

◇ 对应经营课题的管理指标、目标

◇ 达成目标的时间

◇ 指定责任部门和协助部门

把以上内容按标准计划的格式进行整理，就可以做成经营计划书。看似十分简单的格式，关键在于是否有能力前瞻性地定义合适的战略以及真正能够支撑战略实现的重点课题。

表 2-12 是某公司年度经营计划书。

表 2-12　XX 中小企业年度经营计划书

六大经营战略	年度重点课题	起始值	目标值	达成时间	管理指标	责任部门	配合部门
1. 持续提升销售规模	（1）大客户销售额提升	…	…	20XX年12月	销售额	销售部	生产部
	（2）自主品牌销售额提升	…	…	20XX年12月	销售额	销售部	品牌部 生产部
	（3）坏账金额减少	…	…	20XX年12月	坏账金额比	销售部	财务部
2. 构建低成本制造系统	（1）订单完成率提升	…	…	20XX年12月	订单完成率	生产部	计划部 采购部
	（2）不良失败成本降低	…	…	20XX年12月	不良返工率	生产部	品质部 技术部
	（3）中间库存低减	…	…	20XX年12月	中间库金额	生产部	物流部
	（4）动力费用低减	…	…	20XX年12月	动力费金额	设备部	生产部
	（5）低值易耗品减少	…	…	20XX年12月	易耗品金额	生产部	技术部
3. 改善客户交货水平	（1）材料交货迟，停线减少	…	…	20XX年12月	停线时间	采购部	计划部 物流部
	（2）内作加工迟，停线减少	…	…	20XX年12月	停线时间	加工部	计划部
	（3）临时插单次数减少	…	…	20XX年12月	插单次数	销售部	计划部

续表

六大经营战略	年度重点课题	起始值	目标值	达成时间	管理指标	责任部门	配合部门
4. 产品品质提升改善	（1）降人为不良与标准化	…	…	20XX年12月	人为不良率	生产部	品质部 技术部
	（2）典型不良解析和改善	…	…	20XX年12月	不良率降低	品质部	技术部
	（3）ISO 品质体系外审对应	…	…	20XX年12月	审核缺点数	品质部	全部门
5. 设计和工艺能力提升	（1）设计成熟度评价改良	…	…	20XX年12月	被动设变次数	研发部	技术部 生产部
	（2）模具加工技术改造	…	…	20XX年12月	项目计划	技术部	设备部
	（3）搪瓷工艺不良率降低	…	…	20XX年12月	不良率	生产部	技术部
	（4）冲压不良率降低	…	…	20XX年12月	不良率	加工部	品质部 技术部
6. 员工培养和社会责任	（1）精英班选拔和培训	…	…	20XX年12月	精英人数	人资部	全部门
	（2）技术比武规划实施	…	…	20XX年12月	项目数	人资部	全部门
	（3）固体废弃物减少	…	…	20XX年12月	废弃物总量	行政部	全部门
	（4）捐资助教活动推进	…	…	20XX年12月	按计划	行政部	全部门

3. 制作经营计划书的注意事项

(1)经营战略或经营课题要突出重点

在经营计划书里不需要面面俱到地罗列公司所有各方面的工作，而应该突出重点，以便公司上下能够清晰地了解经营者的意志和经营战略方向。比如，把提高销售额、降低成本、高效供应链建设、品质改善等作为年度经营战略方向。

(2)定义重点经营课题要具体

针对重点经营课题，要尽可能具体分解成可进行部门职能授权的程度。

(3)通过具体分析提出目标，目标要切实可行，具挑战性

要定义明确的导向性好的管理指标，以便对管理工作的有效性进行评估，设定的目标既要有挑战性，又要有可行性。**最好的做法是：具体分析理想值与现状的差异，探讨消除差异的方法和措施，并在此基础上确定目标值。**或者先估计一个乐观的目标值（**最好的打算**），再估计悲观的目标值（**最差的打算**），最后与有关人员协商确定其间的目标值。

在许多企业里，决定目标值是一件痛苦的事情，上下级之间讨价还价耗费时间不说，更可怕的是因为讨价还价的结果，无意中强化了下属部门无法达成高目标的信念。之所以会有这个问题，大多是严格的绩效考核和激励机制惹的祸。

（4）任何一个重点课题都要明确一个主导部门，进行职能授权

不能把重点课题或工作任务让所有部门负责，大家负责等于没有人负责。因此，每一个重点课题必须明确授权给某一个部门，这样重点工作才会有人主导，才会形成一个强有力的任务团队。

（5）各部门共同参与目标设定

要创造条件让各部门负责人共同参与制订年度或半年度经营计划，使得方针目标和经营计划更具有部门和群众基础，部门和员工愿意积极配合公司计划的实施。

（6）明确目标达成的时间

任何有约束性的目标都应该设定明确的时间限定。

这样的计划书其优点是显而易见的，它不仅简洁明了，更重要的是经营课题和策略清晰，目标指标的导向及目标达成时间明确，而且所有重点经营课题都指定了责任部门。

五、公司计划和部门计划的关系

公司计划和部门计划之间是密切相关的，部门计划是公司计划的展开，部门计划要为公司计划服务。

公司经营计划和部门实施计划之间具有以下几个方面的相关性。

1. 课题的相关性

部门计划中的内容通常包含两个部分，一部分是公司计划中直接授权给部门的内容，部门不得遗漏；另一部分是本部门领导基于部门职能提出的工作内容。

2. 目标的相关性

部门目标必须等于或高于公司目标。

3. 方法 / 措施的相关性

公司计划只提出策略方向或战略任务，并对部门实施授权；而部门则要求提出具体的改善措施，并对具体责任人授权。

4. 时限的相关性

公司计划只对最后时限进行定义，而部门计划则要求有更具体的实施时间。

5. 授权和职能的相关性

在公司计划中被指定的实施部门对项目的实施负领导责任，而被指定的协助部门必须无条件接受实施部门的协调和领导。

六、部门实施计划书的制订

部门实施计划书是承接公司经营计划的结果，是部门责任者对下属员工进行责任授权的工具。

1. 生产部门实施计划书的格式范例

表 2-13　生产部门实施计划书的格式范例

<table>
<tr><th rowspan="2">公司经营战略与经营课题</th><th rowspan="2">部门重点实施课题</th><th rowspan="2">目标</th><th rowspan="2">管理指标</th><th rowspan="2">责任人</th><th colspan="4">时间安排</th></tr>
<tr><th>1</th><th>2</th><th>…</th><th>12</th></tr>
<tr><td rowspan="7">1. 销售突破
（1）国内销售额提升
（2）出口销售额提升
（3）……
2. 降低成本
（1）采购成本降低
（2）生产效率提升
（3）……
3. 产品开发
（1）新产品开发
（2）老产品改良设计……</td><td>1. 生产效率提升
（1）XX 措施或小课题
（2）XX 措施或小课题</td><td>提升 25%</td><td>生产效率</td><td>张三</td><td></td><td></td><td></td><td></td></tr>
<tr><td>2. 不良率降低
（1）XX 措施或小课题
（2）XX 措施或小课题</td><td>提升 50%</td><td>不良率</td><td>李四</td><td></td><td></td><td></td><td></td></tr>
<tr><td>3. ……</td><td>…</td><td>…</td><td>…</td><td></td><td></td><td></td><td></td></tr>
<tr><td>4. ……</td><td>…</td><td>…</td><td>…</td><td></td><td></td><td></td><td></td></tr>
<tr><td>5. ……</td><td>…</td><td>…</td><td>…</td><td></td><td></td><td></td><td></td></tr>
<tr><td>6. ……</td><td>…</td><td>…</td><td>…</td><td></td><td></td><td></td><td></td></tr>
<tr><td>7. ……</td><td>…</td><td>…</td><td>…</td><td></td><td></td><td></td><td></td></tr>
</table>

特点：将上下级目标之间的衔接与配合，注重以管理指标的形式展开，强调过程和措施。

2. 部门实施计划书的内容和案例

部门方针实施计划应该包含以下内容。

◇部门重点实施课题
◇与实施课题相对应的管理目标、指标
◇为达成目标拟采取的具体改善措施或实施办法
◇主管责任人
◇时间计划表

如表 2–14 所示的就是一个部门年度方针实施计划书。

为了体现部门实施计划书与公司经营方针之间的相关性，最好在计划书的第一列罗列公司经营计划中的经营战略和重点经营课题。

表 2-14　XX 部门年度实施计划书

公司经营战略和重点课题	部门重点课题	2012 年数据	2013 年目标	管理指标	责任人	第一季	第二季	第三季	第四季
见下页（公司经营计划）	1. 提高销售额								
	销售额持续增长	1.12 亿元	1.5 亿元	销售额		3000 万元	3500 万元	4000 万元	4500 万元
	提高人均销量	589 万元 / 人	650 万元 / 人	人均销量		/	/	/	/
	2. 提升老客户的维护质量								
	老客户销量同比增长	/	16%	销售额		/	/	/	/
	增加 500 万以上老客户数量	2 家	5 家	成功数	XXX	/	/	/	/
	增加（大于等于 50 万小于等于 500 万）老客户数量	31 家	50 家	成功数	XXX	/	/	/	/

续表

公司经营战略和重点课题	部门重点课题	2012 年数据	2013 年目标	管理指标	责任人	第一季	第二季	第三季	第四季
见下页（公司经营计划）	降低一年内没下单的老客户量	56 家	40 家	流失数量	XXX	/	/	/	/
	3. 开发新客户								
	总金额 300 万元以上大客户数量增加	0 家	2 家	成功数	XXX	/	/	/	/
	开拓一年内返单的新客户数量	12 家	20 家	成功数	XXX	/	/	/	/
	4. 降低费用比值，提高销售毛利								
	降低营销费用率（差旅费等）	销售额占比 2%	下降 0.5%	营销费用率	XXX	/	/	/	/
	提高订单折扣	0.492 折	0.495 折	折扣率	XXX	/	/	/	/
	降低货款呆账比例	≤ 0.5%	≤ 0.3%	呆账金额比例	XXX	/	/	/	/

续表

公司经营战略和重点课题	部门重点课题	2012 年数据	2013 年目标	管理指标	责任人	第一季	第二季	第三季	第四季
见下页（公司经营计划）	5. 海外适销产品改良提案								
	老产品改良建议被研发采纳量	0	5 款	采纳量	XXX	/	/	/	/
	新产品开发款式被研发采纳量	0	2 款	采纳量	XXX	/	/	/	/
	6. 团队建设及人才培养								
	保障安装技能培训时间	10 小时 / 月	10 小时 / 月	培训时间	XXX	/	/	/	/
	保障产品知识培训时间	6 小时 / 月	6 小时 / 月	培训时间	XXX	/	/	/	/
	增加部门活性化活动	1 次	2 次	活动次数	XXX	/	/	/	/

3. 制订部门实施计划书的注意事项

（1）部门实施项目要为公司重点经营课题服务

部门实施项目通常包括两大部分的内容。一部分是直接承接公司重点经营课题的内容，另一部分则是部门自主计划实施的内容。总之，部门实施项目要为公司重点经营课题服务。

（2）部门目标不能低于公司目标

设定部门目标时，要考虑到对公司目标的满足，不能擅自降低要求。比如公司要求品质合格率为 98%，部门只能提出 98% 或更高的目标。

（3）要明确责任人

任何一项工作都要有具体的责任人，如果能够与个人目标任务联系起来效果就更好。

（4）针对实施项目要提出具体的措施或办法

不能只说明要做什么，而且要说明怎么做。在计划的时候就应该对实施项目进行透彻的分析，具体提出实现目标的措施和办法。许多时候，管理者在方法和措施一栏“认真调查”或“努力改善”之类的套话是没有意义的。

（5）达成目标的时间限定要明确

计划中要明确定义实施时间和达成目标的时间。

七、从实施计划看部门管理水平高低

部门实施计划是一个部门管理水平的真实写照。经营管理者有必要学会鉴别部门实施计划的优劣，以便对部门经营经理进行评价，并根据具体情况予以指导。

1. 从实施计划看部门管理水平

表 2-15 和表 2-16 分别是某企业同一部门不同时期提出的计划书，看上去格式一样，但是它们的内容不同，优劣一目了然。由此我们可以判断负责制订这份计划的管理者的能力水平。

表 2-15　XX 部实施计划书

公司经营战略	部门重点课题	目标	主要分课题或改善措施	责任人	20XX 年度											
					1	2	3	4	5	6	7	8	9	10	11	12
（此处略）	1．缩短交货周期改善	缩短 30%	查找交货周期管理的问题点	…												
			探讨研究解决问题的对策方案	…												
			实施改善方案	…												
			对改善措施进行标准化管理	…												
	2．提高人均效率（5台/日）	提升 20%	查找影响效率的各种因素	…												
			探讨研究解决问题的对策方案	…												
			实施改善方案	…												
			对改善措施进行标准化管理	…												

续表

公司经营战略	部门重点课题	目标	主要分课题或改善措施	责任人	20XX 年度											
					1	2	3	4	5	6	7	8	9	10	11	12
（此处略）	3．不良率降低改善（现5%）	降低50%	查找影响产品品质的各种因素	…												
			探讨研究解决问题的对策方案	…												
			实施改善方案	…												
			对改善措施进行标准化管理	…												
	4．其他成本降低改善	降低15%	查找影响成本的各种费用项目	…												
			探讨研究解决问题的对策方案	…												
			实施改善方案	…												
			对改善措施进行标准化管理	…												

续表

公司经营战略	部门重点课题	目标	主要分课题或改善措施	责任人	20XX 年度											
					1	2	3	4	5	6	7	8	9	10	11	12
（此处略）	5. 改善活动与员工培养	0 事故	增加培训提高员工素养水平	…												
			提高培训满意度	…												
			组织一年一次年末文艺晚会	…												
			组织一次户外活动（体育比赛）	…												
	6. 安全管理与社会责任	0 事故	组织两次安全培训	…												
			提高员工安全意识	…												
			与社会保持良好互动	…												
			对员工进行环保教育	…												

表 2-16　XX 部实施计划书

公司经营战略	部门重点课题	目标	主要分课题或改善措施	责任人	20XX 年度											
					1	2	3	4	5	6	7	8	9	10	11	12
（此处略）	1．缩短交货周期改善	缩短 30%	产品工艺分类，虚拟流水线规划	…												
			搬送作业标准化与道具制作	…												
			实施作出一条虚拟流水线	…												
			生产计划信息流程调查与优化	…												
	2．提高人均效率（5 台 / 日）	提升 20%	库房管理规范	…												
			物料备库与预警，减少材料	…												
			齐套区规划与运营管理	…												
			优化人均效率评价计算	…												
			流水线管理模式优化改善课题	…												

续表

公司经营战略	部门重点课题	目标	主要分课题或改善措施	责任人	20XX 年度											
					1	2	3	4	5	6	7	8	9	10	11	12
（此处略）	3．不良率降低改善（现 5%）	降低 50%	慢性不良前 3 项改善攻关	…												
			不良限度样本制作和教育	…												
			新员工技能训练区持续优化	…												
			巡检重要关键点清单优化改善	…												
	4．其他成本降低改善	降低 15%	低值易耗品使用量降低	…												
			节能（水电气）改善	…												
			间接人员占比合理化改善	…												
			办公用品费用降低改善	…												

续表

公司经营战略	部门重点课题	目标	主要分课题或改善措施	责任人	20XX 年度											
					1	2	3	4	5	6	7	8	9	10	11	12
(此处略)	5．改善活动与员工培养	0 事故	员工培训实施（按附件培训计划）	…												
			组织两次技能大赛	…												
			组织一次部门内课题发表会	…												
			组织两次改善之旅	…												
	6．安全管理与社会责任	0 事故	组织两次安全培训	…												
			实施两次全员隐患排除活动	…												
			部门内垃圾分类实施	…												
			垃圾再利用比例持续提升	…												

前者空洞无物，没有方法，无法保障。说明部门管理者对部门的业务和存在的问题缺乏足够的认识，对部门的工作和目标缺乏深度的思考。对这样的管理者，根本就谈不上“你办事，我放心”，需要对他进行针对性的培训和辅导。

而后者内容比较充实，有方法，可保障。说明部门管理者对部门的业务和存在的问题已经有较充分的认识，对部门的工作和目标有更多的思考。

有趣的是，这两个计划书出自同一位部门经理之手。可见方针目标管理方法在培养和提升管理者能力方面的重要作用。假如有心比较不同部门经理拟定的计划书的时候，相信你也可以很客观地评价两个部门经理对待工作的态度、意识和能力。从前苦于不能对管理者进行客观评价的问题也就迎刃而解了。

2. 好的改善对策与不好的改善对策

制作部门计划时，能否提出具体有效的改善措施是关键。好的改善措施不仅利于落实和获得期望的成果，还有利于培养务实的工作作风。

表 2-17　好的改善措施与不好的改善措施

不好的改善措施（空话）	好的改善措施（可验证）
◇注重提高员工质量意识	◇每日召开一次品质会议，当日品质问题当日解决
◇加强监督管理，提高执行力	◇巡检频度增至 1 小时 1 次
◇优化部门沟通，提高协调效率	◇生产线停线响应时间缩短
◇想方设法提高生产效率	◇均衡工序作业时间提高效率
◇花大力气解决交货延迟问题	◇导入交货延迟 3 日预警机制，降低交货延迟率

通过以上比较发现：**好的改善措施责任明晰，方法具体，有利于工作的落实和可验证。不好的改善措施责任不清，方法含糊，无法具体落实和确认。**

第三章

绩效提升机制的运营

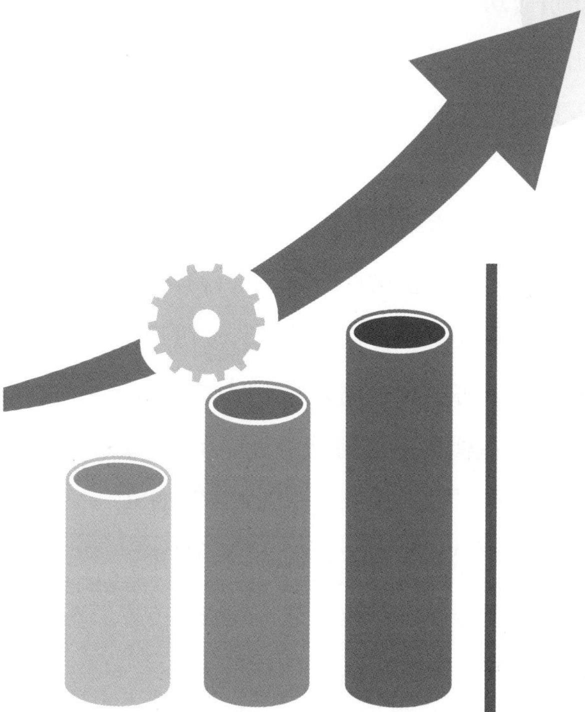

案 例

管理寓言故事

话说当年某短跑运动员成功之后，专家学者们从不同角度进行了研究分析，并提出了各种学说，其中学院派和西洋派找到了案例背后的规律，发现对该运动员的所向披靡起到关键作用的是“卓越计时方法”，并开发出了一套“360度雷达测速法”。这套方法的好处在于能够精确测定运动员的速度（误差在0.01秒以下），并且能够在跑步者之间比较接近的时候进行有效辨识，保障对跑步者公平的评价和奖罚。专家们认为，通过运用这套方法并辅之以相应的奖罚，将极大地提高各短跑运动队的水平。一时间，各运动队纷纷花钱请专家帮助引进“360度雷达测速法”。可是一年两年过后，运动队的成绩并没有因此提高，至今还没有培养出可以与该运动员一较高低的运动员来。引进这套方法的运动队管理者至今还没有搞清楚，到底是专家忽悠了自己，还是自己没有用好这套方法。

把以上故事套用在许多企业的绩效考核上，读者大概就会明白，我们为什么在绩效考核方面花费了巨大的精力，却在经营绩效提升方面收效甚微。

前不久国内某著名管理学院问卷调查发现，中国企业管理者对企业管理的关注点集中在绩效管理上。这个调查得出的结论本身并不是问题，因为国外的管理者也一定会有同样的看法。问题是我们许多管理者包括一些专家学者错误地以为绩效管理就是绩效考核，或者实际上把绩效管理异化（简化）为绩效考核，管理者们把经营绩效提升的愿望寄托在绩效考核上。因此，绩效考核、甚至是一些并不成功的考核办法如360度考核等，成为被管理者热捧的对象。

企业有没有绩效考核系统已经成为一座围城，没有做的企业看到“绩效考核系统”被一些人描绘得很美，有几分羡慕；做了的企业才知道导入这一套系统确实“方便”了人力资源部门的工作，考核有了可操作的量化指标，但经营绩效并没有因此得到提升，更坏的情况是员工抱怨不断，因而又有几分困惑。

将绩效管理简化为绩效考核的企业绝对不在少数，这些企业做绩效管理的模式大致是这样的。

◇年初分解数字目标，由部门负责人签订责任状，承诺目标；

◇年底评价部门绩效，并根据评价结果决定奖罚额度。

这样做绩效管理，对经营绩效提升的帮助相当有限。这与上述故事中的情况十分相似，即使测速人如何努力和测速方法如何改进，选手的成绩也不会因此轻易提高。要提高选手的比赛成绩，关键不在测速方法，而在于是否有优秀教练指导，是否采用各种有效的方法进行严格甚至是残酷的训练。

同样的，企业绩效管理的重点也不在绩效考核，而在绩效经营和绩效改善两个方面。

首先，绩效经营是企业高层通过运营方针目标管理来实现的，内容包括：确定企业经营目标，规划企业经营战略，定义重点经营课题；制作年度经营计划，并指导部门具体落实经营计划；开展部门月度质询和诊断活动，具体指导和协调部门计划执行，帮助下属实现目标等。

其次，绩效改善是企业管理者和员工通过持续开展各种形式的改善活动来实现的，内容包括：选择基于公司目标的重点改善课题；开展部门内或跨部门大课题改善活动；以绩效提升为目标大力推进全员参与改善活动等。

绩效考核是绩效管理的一个补充机制，我们不应把提升绩效的愿望寄托在绩效考核上。要提高企业经营绩效，必须开展有效的绩效经营和绩效改善活动。

第一节 部门实施计划技巧

一、把目标和成果等展示出来

具体办法	期待效果
◇制作指标室 ◇集中制作管理看板 ◇及时更新看板内容	◇把目标展示出来，让团队成员始终牢记目标和任务 ◇把进展和成果展示出来，让员工体会压力和成就感

一个需要大家关心、参与和共同努力的目标，让每个人铭记于心，并及时了解努力的成果，是非常重要的。否则，一段时间之后，你可能会发现只有你自己还记得这个目标。为了避免出现这种情况，一个好的方法就是拿出一个专门的房间或会议室的墙面，制作一个“指标室”，要求各部门运用管理看板，把重要目标、指标等揭示出来。既可以直接把方针计划书、实施计划书以及实施状况等揭示出来，也可以把方针目标的核心

内容简要地揭示出来，配之以推移图、进度表等形式，让员工对目标以及目标达成状况有一个清晰全面的了解。

具体做法如下。

1. 制作一个指标室

把一个能够容纳 30–50 人的会议室或房间，制作成如图 3–1 所示的指标室，专门用来记录和展示公司及部门目标、指标以及管理改善成果。

图 3–1　XX 企业的管理指标室

2. 规划和制作若干管理看板

在指标室里可以规划若干管理看板。公司级的管理看板主要表述公司经营理念、策略、综合目标、目标体系以及公司级改善之星和优秀案例等内容。各部门的管理看板主要表述部门管理者意志、部门职能、主要管理指标推移情况以及部门改善明星和改善案例等内容。如图 3-2 所示。

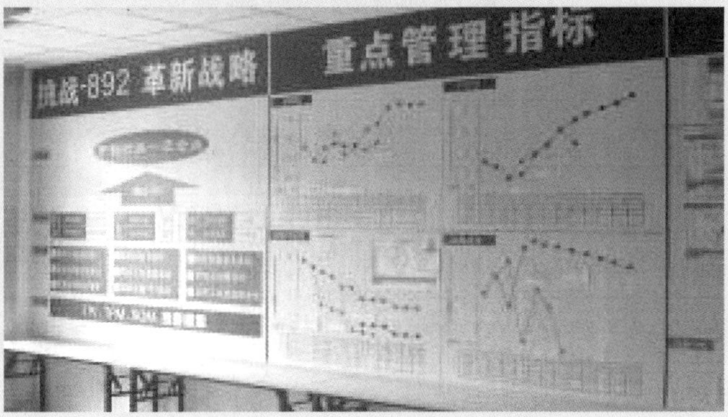

图 3-2 XX 企业的指标管理看板

3. 及时更新管理看板的信息

管理看板里的以下信息需要每月更新。

◇管理指标推移图

◇月度重点业务改善内容

◇改善案例和改善明星等

二、召集计划实施与成果讲评会

具体办法	期待效果
◇ 在指标室内召集各部门代表参与的讲评会 ◇ 由部门代表说明目标达成状况和改善成果 ◇ 与会者交流，企业领导点评激励	◇ 创造一个透明共享的竞争环境，让各部门管理者和员工感受积极向上的压力和动力 ◇ 促进部门间的交流、学习和借鉴，让好的经验、方法和成果得以快速复制和传播

为了向更多的人传递企业高层意志，目标达成状况讲评会也许是一种不错的形式，如图 3-3 所示。目标达成状况讲评会通常可以安排在指标室里进行。

运营方法很简单，即由各相关部门管理者讲解部门目标达成状况，公司领导予以评价并提出要求。目标达成状况讲评会主要着眼于向各部门管理者和骨干员工表明公司领导关注目标的姿态，有利于统一认识，以便让各部门形成合力。

其缺点是，不能就具体的工作展开细致的讨论，也达不到对部门管理者实施辅导和教育的目的。因此，目标达成状况讲评会并不能替代述职和质询会。

图 3-3　XX 企业的目标达成状况讲评会现场

三、目标实施结果报告书

具体办法	期待效果
◇ 部门按公司要求对月度或年度工作和结果等进行总结 ◇ 总结要与计划呼应，避免报喜不报忧或者避重就轻的现象发生	◇ 每月一小报、半年一中报、一年一大报 ◇ 月度报告主要以过程跟进为目的，确认工作、改善任务的完成情况，及时对计划和对策力度进行调整 ◇ 半年度或年度报告的重点在于确认工作及改善成果

为了及时反馈、跟进、检查计划的达成状况，及时调整计划，可以实施各种有效的报告制度，如：一月一汇报，半年一中报，一年一大报。方针目标实施结果报告书就是一种很好的报告形式。运用类似的方法，及时确认措施的落实和目标的进展情况，从而对实施方法与推进力度进行调整。没有及时的反馈，可能到了最终期限，才发现工作还停留在原地。

实施结果报告的总结也是有讲究的。在一家国内上市公司授课的时候，我问管理者们是否每个月进行总结的时候，得到了肯定的回答。通过进一步了解得知，在这家企业里，部门管理者每月月初必须提交一份长达 40 多页的月度总结报告。问他为什么报告这么长，他自己也觉得很无奈。一是上级有要求，二是确实有那么多事情要讲。当这种做法已经形成惯例（规范）甚至文化的时候，问题就更严重了，如果有谁把报告写短了，就生怕上司怪罪下来，说不定还会得一个“水平低，肚子里没墨水”的评价。这样的“论文式”报告，其不足显而易见。

◇写论文式报告耗时多，用纸多，浪费大；

◇行话、套话、废话多，主题不鲜明，管理没焦点；

◇管理者总结、提炼的能力得不到提高。

我们的企业管理者近几年已经懂得了不少管理道理，“管理上，简单就是美”。可是一涉及具体的管理就不知道怎样做到简单了。

看一看先进企业是怎样做总结的。

1. 实施结果报告书的内容

先进企业做实施结果总结时，力求简洁、高效和一目了然，通常要求包括以下各个部分的内容。

◇围绕部门实施计划中的课题和目标进行总结，重点阐述过去一个月、半年或一年所做改善工作的内容；

◇改善实施后产生的效果、管理指标的推移或变化；

◇对实施结果的好坏进行自我评价；

◇对存在的不足提出反省（对问题的再认识）；

◇针对持续的课题，提出今后努力的方向或计划采取的改善措施。

这是最常用的一种计划跟进方法，即要求部门定期（每月月初报告上一个月的计划执行情况）提出一份计划实施结果总结。原则上要求针对计划的课题和目标进行总结，当然中途发现计划有遗漏或不足时，也可以不受计划的局限予以补充。但是要注意，一些关键管理工作和管理指标必须得到持续关注，不能出现报喜不报忧或避重就轻的现象。**方针目标实施结果报告书的最大特点是强调过程管理，强调反省和持续改进。**

2. 总结报告的格式

总结报告可以有不同的格式，一种是纸质报告格式，另一种是演示报告 PPT 格式。

纸质报告格式的好处在于，可以准确地看出实施结果与计划之间的对应关系，避免管理者报喜不报忧的现象发生，还可以锻炼管理者提炼总结的能力。图 3-4 清晰地表述了《部门实施计划》和《部门实施结果报告》之间的对应关系。

月度报告的制作

·半年度实施计划

经营战略与重点课题	部门重点课题与主要实施措施	目标值	管理指标	负责人	大日程 1 2 3 4 5 6	说明
·提高成本竞争力 降低零件采购成本 降低失败成本	1. 降低失败成本 不良批处置费降低 客户索赔金额低减	55% 50%	降低率 低减率	张三 李四	计划 实施	
·提高成品竞争力	2. 品质提升活动					

·月度工作报告

部门课程与主要实施措施	月度实施内容	目标值达成状况	评价	反省
1. 降低失败成本 不良批处置费降低 客户索赔金额低减	（1）批量减小 500 台 / 批→60 台 / 批 （2）增加工序巡查额度（1 次增至 4 次） （3）工序防呆措施 6 件（见改善报告） （4）…… （5）……	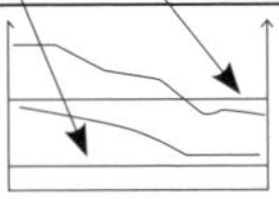	好	（1）批量还可以减小 （2）工序内保障还有不足，今后拟开展不良预测活动
2. 品质提升活动	（1）…… （2）……			

图 3-4　计划和结果报告之间的对应关系

随着办公设备的进步，人们可以用投影演示的 PPT 方式进行报告。尽管报告的格式不同，但是报告的内容却一样都不能少。图 3-5 是某企业月度报告的主要内容。

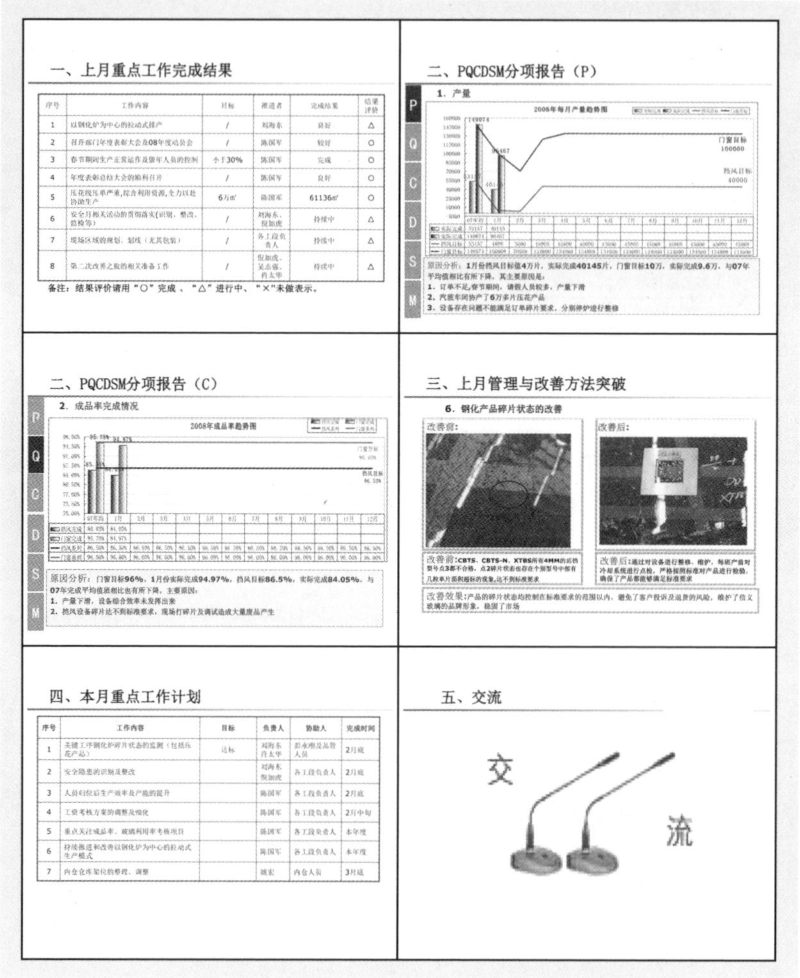

图 3-5　演示版的月度结果总结报告

3. 如何养成良好的总结报告习惯

某企业为了让部门管理者养成良好的总结和报告习惯，还制订了如表3-4所示的纸质报告规则。

表3-4　某企业部门月度报告规则

案例：报告规则
1. 月度或年度报告正文不超过2张A4纸，并采用公司规定的格式。需要作详细说明的背景资料，如改善报告、技术资料等可以作为参考附件，报告会上不分发
2. 总结要围绕管理指标、目标和计划进行，不能只报喜不报忧，对问题不能避重就轻
3. 总结要用数据和图表说话，要进行横向和纵向对比，杜绝行话、空话、套话
4. 先说结果，再说过程、原因和办法
5. 针对工作上的不足，要少说或不说客观理由，要从主观找问题、找原因，积极研究并提出计划采取的对策
6. 报告他人问题时，事先需要与对方进行意见交换，确认事实，然后基于事实建设性地指出建议
7. 报告成绩时，切不可忘记指出其他部门或其他人给予的支持和帮助

表 3-4 就是月度报告的基本规则，它本着简单做管理的原则，要求管理者围绕着管理目标、指标开展工作，培养务实有效的工作作风。

4. 从总结报告看部门管理绩效

从不同的总结报告，我们可以看出一个部门管理者的能力以及他所领导的部门的管理绩效。

图 3-6 和图 3-7 分别是某企业两个不同部门提出的方针目标实施结果报告书。两份报告书差别明显，它们的好坏主要体现在部门在提升管理绩效过程中到底做了哪些努力，目标的达成状况如何，以及部门负责人对今后工作的认识和打算。

20XX年4～6月成型部门方针目标管理报告

审　核	检　印	作 成

行动指针：以现场、现物、现实的三现主义为准则

部门目标：简单，快速，参与，协作，做好部门QCDSM

部门主要工作	4~6月主要改善及实施内容	管理指标及问题点（尽量用图表或数据表示）	评价	反省及今后的打算
1、客户使用品质 可塑：105ppm 硬化：185ppm Q	（1）可塑：针对客户返品过高的机种，以QC活动的方式进行对应和分析。4~6月可塑实际平均为99ppm （2）硬化：新人在生产线对设备操作和产品检查不熟悉，再加上管理者培训不到位，致使生产时不良流出，在检查线没有重点检查新人的产品，致使客户返品增加（LS新基座1~3月40个，4~6月74个） （3）组长对异常品的误判断放行，致使客户返品增加（6月LN盖子48个，1~3月0个）4~6月硬化实际平均为240ppm	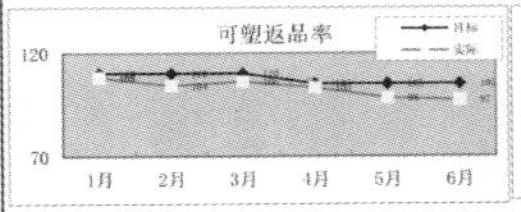 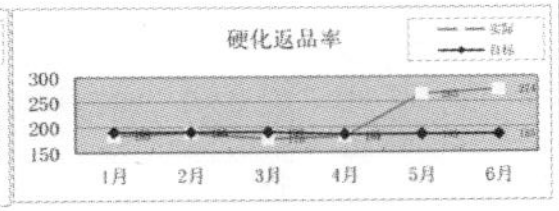	一般	（1）设定新人上岗后的训练周期，在该期间可以对新人的工作量做以调整 （2）异常品的汇报确认机制落实 （3）前后工程的供应商与客户关系的完全建立，且每天揭示生产线各作业者的返品状况，制定目标实施管理 （4）由于切浇口治具的使用数量增加，治具对产品切割后的品质需建立较完整的管理方法
2、物料损耗降低 目标：12月底前比06年1~3月损耗降低3% C	（1）对成型生产中的水口料的单重进行管理，每次检测，重量超标的更换模具主流道，以减少材料损耗。4~6月更换5个套模具主流道 （2）制定各吨位成型机清扫材料用量，在机种转换时参照实施 （3）对フェノ－ルPM3160材料有时出现的刚开机脱模不良现象，进行对策，减少材料损耗	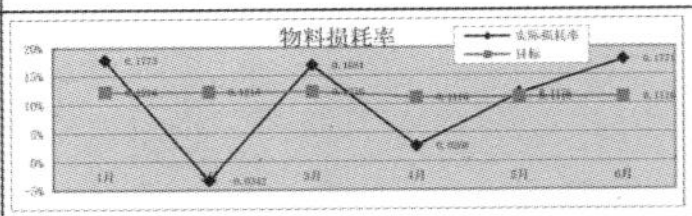 在3月份计算时，现场的材料和粉碎室残留的材料已被列为3月份的损耗，但该批材料在成型出制品后，算在了4月的产出上，故此，出现了3月份的耗料偏高和4月份耗料偏低的现象	一般	（1）对现场模具存在的问题点进行总结，并制作修理计划，减少由于模具问题导致材料损耗增加 （2）对不同吨位的成形机一次射出量（故障及开机时）制定相关的控制标准
3、日产量提升 （12月底前达成较05年提升5%） 单位产量消耗工数降低（年底前由05年的10.5人/100万台降至7人/100万台） D	（1）对成型机的动作分析，缩短一次成型周期 （2）可塑产品抽检化推行，通过修模和切浇口治具的制作，在4~6月实施了12个机种的抽检化	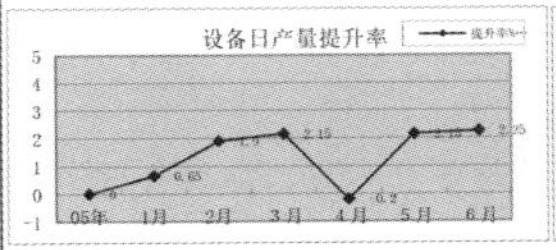 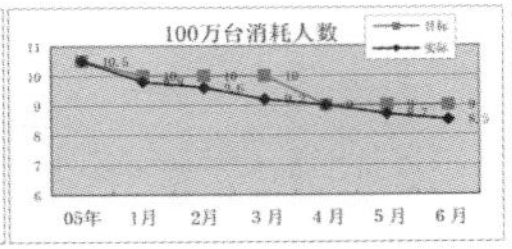	较好	（1）以季度为管理单位，根据课题进度表有计划地对生产周期时间压缩，且每班次追加对目前生产的周期时间进行点检确认，必须控制在压缩后的基准时间内 （2）对换模工作推行IE改革，减少停机时间 （3）抽检化工作的持继推进 （4）对于骨架类的产品需开发新的治工具来满足抽检化的要求
4、6S管理 200元以上安全事故为"0" S	（1）在课内主办一次针对男性技术职员的安全生产培训 （2）课内巡检，4~6月解决和排除安全隐患24件	4~6月安全事故为"0"件	较好	（1）作为注塑行业的特殊性，安全生产需要持之以恒的推进 （2）预计第3季度主办一次新入职员的安全生产培训
5、生产革新 提案件数 培训教育 离职率 M	（1）半自动与全自动机械手转换器由于使用时间过长，基本上全部损坏，到日本去买需150元左右一个，通过对线路改造也同样达到该效果，改造费用47元/台，目前已改造28台，可节约2884元 （2）对硬化加工品攻丝口的直径进行改善，由φ2.400改成φ2.55，在确保产品攻丝品质的前提下每个月节约34支丝攻，每支42元，可节约1428元/月 （3）4~6月离职率为6.94%（25人）	20XX年4~6月内部员工提案状况 总人数：XXX；4~6月总件数：XXX；4~6月提案人数：XXXX；4~6月人均件数：XXXX；4~6月提案率%：XXXX	一般	（1）进一步完善提案活动，对好的提案制作相关看板资料让更多的人员了解提案存在的价值 （2）张贴一些相关于提案的学习资料，让作业员了解什么是提案，如何发现工作中的问题并以提案方式提出
6、人均附加价值 （总工费/总人数） C	在06年中把影响人均附加价值率之一的材料消耗数量单独作为一个指标进行专项管理	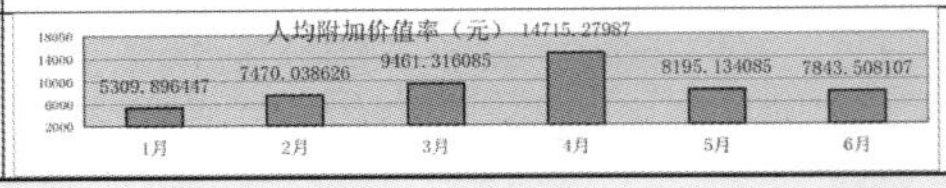		

图 3-6　A 部门月度实施报告书

20XX 年 11 月营业及生管部门月度报告

审核	检印	作成
		苏艳

行动指针：以现场、现物、现实的三现主义为准则

部门目标：市场服务，引领相关部门看市场

部门主要工作	上月主要改善及实施内容	管理指标及问题点（用图表或数据表示）	评价	反省（解决问题的措施）
销售毛利管理	1. P 产品加大生产，增加销售额 112K 美金，提升 24.6% 2. 开关产品增加销售额 50 万美金，提升 24.44%	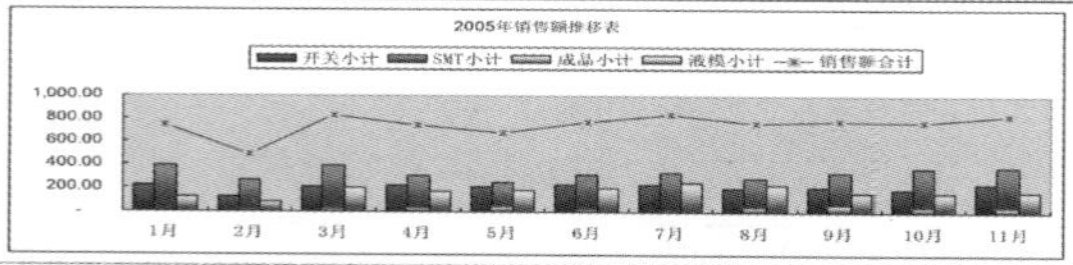	良好	1. 不断开发和引进新产品以维持和提升销售额 2. 关注制造部门生产革新进度，减少产品工数使用，提高生产效率
库存管理	1. 对占用资金类的材料进行管理，降低库存风险 2. 对非占用资金的库存，与客户交涉退货处理，本月达成协议退货的有 EV-A 库存	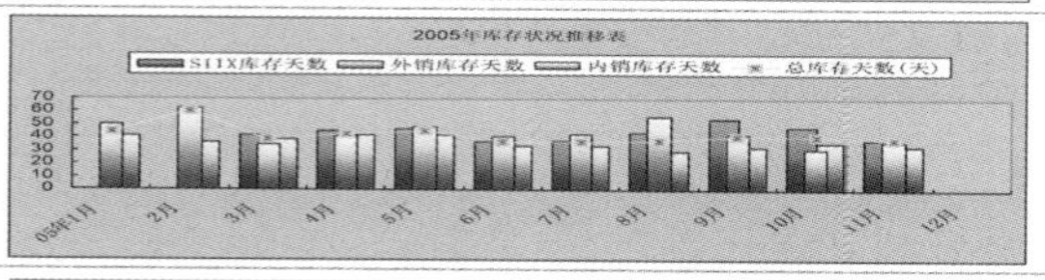	良好	1. 进行人员继续教育，让相关人员提高库存管理意识 2. 继续划分材料的库存类别为占用资金类、非占用资金类来进行管理
交期管理	3. 对客户不能按期提供的物料，帮客户在市场上寻料，协助客户及时购入，并供料，以便我们及时安排生产计划及交货	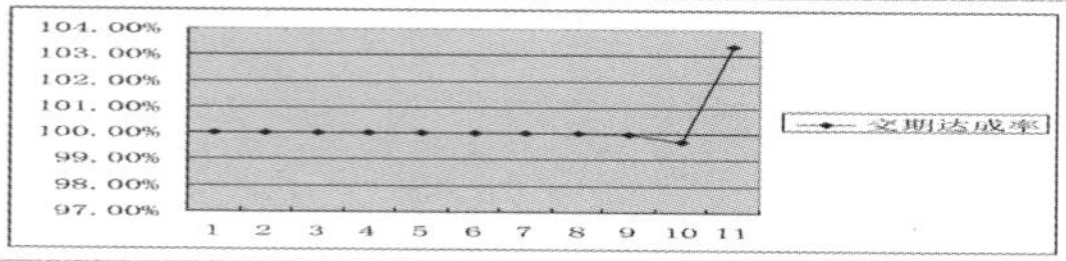	好	1. 继续协助客户寻料，做好材料的供应 2. 进一步督促资材开发现地供应商，缩短材料交期
客户项目管理	1. 增加 PD 产品客户东莞千百 2. HGA 产品结束生产，减少客户台湾双雄精密（TSC） 3. 进行了一年一度的客户满意度调查	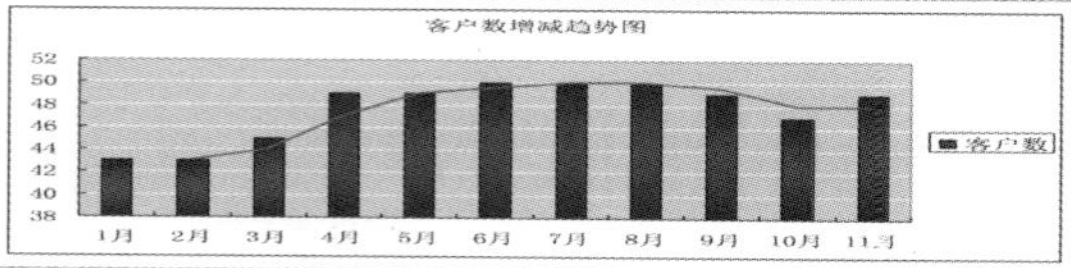	良好	1. 提高客户服务意识，提升客户满意度 2. 加强对市场需求的认知度，保证客户需求的满足
培训教育	1. 生管实操业务培训 2. TS16949 的相关培训	《MRP 物料需求计算方法》，《TS16949 中章鱼图的用法》课程已完成	一般	1. 风险防范意识的逐步培养 2. 操作流程优化继续教育

图 3-7　B 部门月度实施报告书

在我们的辅导下掌握了方针目标管理方法的经营者十分庆幸地告诉我：现在评价一个部门管理者太容易了，通过他们的报告可以看得很清楚，原来管理如此简单。

要知道，这种模式的报告是很难做假的，而且再出色的文字功底也不能做到“文过饰非”。同时，也印证了另一个管理道理，那就是**“管理中重要的是智慧，而非知识”**。在一家公司里，有几位能说会道的“高材生”一下子露出了“只说不练”的原形，而另几位学历不高而乐于改善的管理者却脱颖而出，令企业经营者茅塞顿开。

当然，**再好的报告如果没有面对面的交流，就有可能流于形式，管理跟进效果会大打折扣。最好的办法是每月召集一次述职和质询活动，企业领导得以与中层管理者、部门骨干员工进行面对面的交流。**

四、述职和质询会

具体办法	期待效果
◇每月召集高层与部门面对面的交流会	◇月度述职和质询会通常结合月度实施结果报告进行
◇由部门指定负责人对结果进行汇报	◇半年度或年度述职和质询会还可以采用发表会的形式进行
◇由公司高层进行点评和指导	◇目的在于，通过企业高层与执行层管理者之间的交流、沟通，增强对部门执行的督导力度

在对部门年度或半年度计划进行评估时，应同时约定跟进计划即定期召集述职和质询会。

部门述职内容包括：计划执行情况的总结、对结果的自我评价、对不足的反省以及对未来工作的承诺。

质询的内容包括高层对部门工作的评价、与会者对存在问题展开的讨论（**对管理者是一次很好的教育指导机会**）以及高层对部门提出的要求、约定的支持等内容。质询会是很好的面对面交流机会，领导要避免一言堂。这样的跟进管理有助于确保相关人员在评估结束时清楚自己的责任，并能够在今后的工作中兑现自己所做出的工作承诺。这样的质询会还能够增强各个部门之间的协调性，也是对部门负责人和骨干员工进行培养和指导的绝好机会。

为了改进质询会的效果，在质询会结束后，公司应向每一位参与者寄上一份备忘录，在其中列明在质询会议上领导的要求和大家达成的关键共识。

特别需要强调的是：**述职和质询会原则上每月一次，两次述职和质询会之间的时间间隔不宜太长，否则就会失去高层对部门执行的督导作用，不利于公司目标的完成。**

述职及质询会的运营是技术性很强的一项工作，也是经营目标管理中最关键的环节之一。企业董事长或总经理如果能够每月用心参与 1–2 天的述职和质询会，企业经营将收到事半功倍的效果。

在我们的辅导下成功运营述职和质询会的老总们不无感

叹："我终于懂得了什么叫'管理中的管理'，提高企业战略落地的奥妙原来就在这种简单的管理模式里。"

关于述职和质询会的运营细节将在下一节中重点介绍。

第二节 绩效辅导会议运营技巧

为了让员工周知企业方针目标，跟进部门计划实施，召集和运营有关的会议是十分必要的，也是十分有效的。

本着简洁、高效的原则，我们有必要就经营目标管理相关的会议体进行规划和说明。

本节将就下面几种会议体进行说明。

◇经营目标说明会

◇经营与实施计划宣讲会

◇部门述职和质询会

一、经营目标管理中的会议体

在运行经营目标管理活动的不同阶段，必须规划和运行一些重要的会议体，来配合经营战略的展开、计划的制作以及计划的实施。如图 3-8 所示的三大会议体是最常见的，运行得好的话可以极大地推动方针目标的实现。

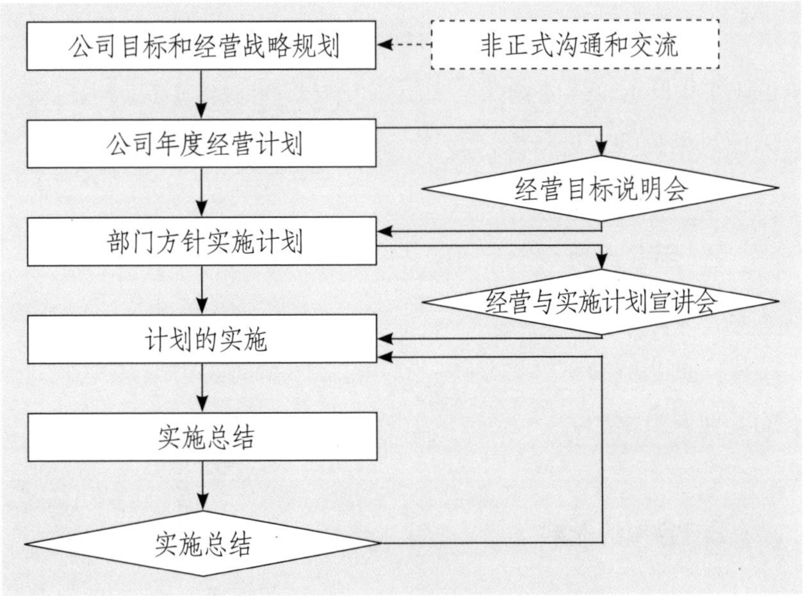

图 3-8　经营目标管理基本流程

二、经营目标说明会

经营目标说明会是一个不能缺少的部分，是体现部门参与公司经营目标制订的重要环节。

1. 会议的内容

会议的内容主要是就公司提出的经营战略、经营目标和年度（半年度）经营计划进行小范围说明，听取部门意见和建议，以便对相关内容进行修订。

2. 与会人员

由企业最高管理层召集，各部门负责人及公司认为有必要的其他人员参加。

3. 会议的形式

会议采用讲解和交流相结合的形式进行。

4. 会议的作用和期待效果

◇高层有机会向中层传递信息、思想和意志；

◇提供一个交流沟通的平台，中层有机会向高层反映部门和员工的情况，并提出建设性的建议和意见。

总之，通过本次会议，可以让企业高层和中层管理者就公司的经营战略、经营目标和经营计划达成共识。

5. 会议的运营技巧

运营这个会议比较简单，首先，高层必须准备好经过深思熟虑的方针、目标战略和年度（或半年度）经营计划。重要的是企业高层要有一个积极平和的心态，认真听取与会人员的意见和建议。因此，创造平等交流的条件，让与会人员畅所欲言，避免一言堂，是成功运营经营目标说明会的关键。

三、经营和实施计划宣讲会

方针目标宣讲会是企业高层和部门管理层向更广的范围宣讲公司方针目标、经营计划、部门实施计划等内容的会议，是经营目标管理的重要环节，是引起管理者和员工关注，鼓舞员工士气的好机会。

1. 方针目标宣讲会的内容

方针目标宣讲会主要包括以下内容。

◇企业高层向更广的范围，有条件的话向公司全体员工宣讲公司经营理念、经营战略、经营目标和经营计划；

◇部门负责人面对全体员工进行实施计划宣讲；

◇必要时可加入部门负责人对计划实施进行承诺或宣誓的内容。

2. 与会人员

公司领导、部门负责人和各部门员工代表（或全体员工）。

3. 会议形式

会议采用较庄重的大会形式为宜，宣讲和承诺宣誓相结合。

4. 会议的作用和期待效果

◇让与会者周知公司经营战略、经营目标和经营计划;

◇让部门责任者展示部门的计划并表明将为计划的达成全力以赴的意志;

◇营造一种不得不做的良好氛围，让与会者体会公司经营及管理层实现目标的坚定意志;

◇对员工实施有效的鼓动。

5. 会议的运营技巧

会议的运营技巧是，从会场的布置到与会者着装等都有所要求，制造庄重、热烈的气氛，让宣讲者、承诺者和与会人员接受一次神圣的思想、方针和目标的洗礼。

表 3-6 是某企业方针目标宣讲会的议程安排。

表 3-6　方针目标宣讲会议程

20XX 年度方针目标宣讲会日程
会议时间：20XX 年 1 月 10 日
会议地点：XX 文化馆多功能厅
与会人员：公司领导、各部门主管级别以上管理者
着装要求：着工装
会议主持：总经理办公室张三主任
会议议程： 09:00-09:05　宣布大会开始，议程说明 09:05-10:00　董事长宣讲公司未来三年发展战略 10:00-11:00　总经理发表公司 20XX 年度经营计划 11:00-12:00　财务部经理发表 20XX 年度财务预算 12:00-13:30　休息 13:30-14:00　销售部经理发表 20XX 年度实施计划 14:00-14:30　生产部经理发表 20XX 年度实施计划 14:30-15:00　采购部经理发表 20XX 年度实施计划 15:30-16:00　生管部经理发表 20XX 年度实施计划 16:00-16:30　品质部经理发表 20XX 年度实施计划 16:30-17:00　人资部经理发表公司人才战略 17:00-17:30　技术部经理发表 20XX 年度实施计划 17:30-17:50　宣誓（总经理带领各部门经理） 18:00　散会
联络人：企划部张秘书（分机 168）

四、部门述职和质询会

部门述职和质询会的目的是为了及时总结和反省部门过去一个月的工作，并及时地把反省和建议反馈到今后的工作中去。理论上讲，在每月 1 日召开是最好的。考虑到数据和结果的整理需要一定的时间，可以定在月初 5 日左右。各部门负责人必须事先做好充分准备，养成良好的习惯，切不能因为有关部门的拖拉而无原则地推迟或取消述职会。

表 3-7 是召集部门述职和质询会的一个通知，发布通知之前需要与各有关人员事先进行时间顺序等方面的协调。

表 3-7　述职和质询会通知

20XX 年度 5 月份部门述职和质询会通知

承 认	作 成

根据我部与各方协调一致，拟按以下计划日程实施 5 月份部门述职和质询会。

◇会议时间：20XX 年 6 月 5—6 日

◇会议地点：公司第 1 会议室

◇公司代表：董事长、总经理、企管部总监、张秘书

时　间		述职部门和人员	列席部门
5日	09:00-10:50	生产部经理、主管等	技术部
	11:00-12:00	采购部经理、主管等	生管部
	13:00-14:20	人资部经理、主管等	财务部
	14:30-16:00	销售部经理、主管等	生管部
	16:10-17:30	技术部经理、主管等	生产部、品管部
6日	09:00-10:20	生管部经理、主管等	生产部
	10:30-12:00	品管部经理、主管等	生产部、技术部
	13:00-14:20	财务部经理、主管等	/
	14:30-16:00	企管部经理、主管等	人资部

◇注意事项：

1. 请述职部门负责人留出时间，不安排外出或休假。如遇紧急情况，需事先报告企管部，以便调整时间

2. 请述职部门准备好上月月度实施报告（A4 纸两张以内），复印 6 份。其他资料无需复印，不分发

3. 列席部门原则上由经理本人参加会议，如不能参加需事先告知企管部，并委托主管以上人员参加

◇联络人：企划部张秘书（分机 168）

1. 述职和质询会的内容

述职和质询会包括两部分内容。

◇部门述职内容：计划执行情况的总结、对结果的自我评价、对不足的反省以及对未来工作的承诺。总结汇报的方法原则上不作限制，但在实际运营过程中，最简单的也是最有效的办法是直接使用《方针目标实施结果报告书》进行说明。

◇质询交流内容：高层对部门工作进行评价，与会者对存在的问题或解决问题的困难等展开讨论（有重要的指导意义）；高层对部门下一步的工作提出要求、并约定提供（道义和资源）支持等内容。

2. 与会人员

公司经营层、述职部门负责人、述职部门骨干员工以及其他特别约请的业务相关部门代表。

3. 述职和质询会的形式

全公司的方针计划宣讲会可以采用员工大会的形式，目的是让员工周知公司的经营战略、目标以及经营管理者的承诺和实现目标的坚定意志。

成功的述职和质询会却有所不同，最好的会议形式是开小会。会议以述职、质询、交流以及辅导等形式进行，有时候可以参照脑力激荡的形式进行。

4. 述职和质询会的作用

述职和质询会的作用如下。

◇部门可以向企业高层展示部门改善成果。

◇企业高层可以了解部门目标计划的实施状况。

◇可以就部门计划实施中的问题点和存在的困难展开讨论，研究解决问题的办法。

◇对做得好的予以肯定，对做得不好的予以督促和建议。

◇高层对与会者进行指导和培训。

5. 部门述职和质询会运营技巧

运营部门述职和质询会的技巧或注意事项如下。

◇部门与会者除部门第一负责人外，还应该包括部门其他主要人员，如副手或业务骨干。一方面可以听到各种意见，另一方面还可以达到培训接班人的目的。

◇创造轻松平等交流的氛围，必要时可以发展成为一种头脑风暴，让与会者在会上进行充分的讨论，以便提出更多建设性的建议和办法。

◇除非部门负责人毫无责任心，一般情况下要坚持多肯定、多引导、少指责、少批评的基本姿态。

◇设法了解部门的实情以及部门人员真正的想法，并对部门提供必要的支持，帮助部门协调与其他部门之间的相关关系。

◇耐心地倾听，不要轻易打断部门人员的说明，即便是部门的辩解也应该仔细地听。

总之，企业高层要成为企业教练，学习积极提问法（开放式设问），引导与会者思考，让他们自己找到答案并作出工作承诺，这样做的效果最佳，不要简单提出强制性要求。

6. 质询会备忘录

质询会上的“Q&A”通常是十分平等有效的沟通，而且能够就下一步的工作等取得很多共识。特别是高层的点评和总结性发言应该作为记录和总结的重点，并以“备忘录”的形式留存和分发给各部门，如表 3-8 所示。会议召集部门还可以据此督促各部门落实会议上就工作改善任务等所达成的共识。

表 3-8　20XX 年 XX 月述职和质询会纪要

<table>
<tr><td colspan="2">20XX 年 XX 月述职和质询会纪要
致各部门：
感谢各部门参与本次的述职和质询会。
现将会议纪要发给你们，请各部门确认纪要中与自己部门有关的内容，并按纪要中的要求落实相关工作。
经营革新部
20XX 年 XX 月 XX 日</td></tr>
<tr><th>部　门</th><th>高层点评</th></tr>
<tr><td>注塑部</td><td>1. 使用“设备稼动率”及“人均附加价值”作为管理指标并进行统计是一个进步，值得肯定
2. 差的地方：上个月出了一次安全事故，换气扇叶片脱落伤人……在一个月内进行安全防范改造
3. 品质问题要从自身仔细找原因，建立自省意识，从成型材料、成型条件、空气、水分等进行分析出现不良的原因
4. 成型加工部门要逐步走向独立运行的公司，首先要了解行情——了解其他成型加工企业情况（注塑加工价格等），这件事情春节前要完成
5. 间接人员太多，如何精简？请下周提出一个方案</td></tr>
<tr><td>组装部</td><td>1. 装配生产线采用细胞生产法的尝试很好，即便初期效率下降了也不要简单放弃
2. 成品部门要设定多能工培养目标：要求员工每半年增加一项技能，两年内 50% 成为五星级员工。必要的话，可以协调人资部在薪酬制度上予以配合
3. 10 月份可能有增产，之前要尽快提升生产效率
4. 工程不良率一项的反省只提了“加强培训”，解决方法保障性不好，还需进一步研究防范措施
5. 下次报告时把何 XX 主管也带上</td></tr>
</table>

续表

部　门	高层点评
实装部	1. 本月报告比上月有明显提高，阐述的问题更有针对性，有事实支持 2. “直通率目标”才 70%，太低了，这样的目标怎样和对手竞争？建议立一个专题进行改善 3. 生产线改善的方向是实施“In Line”管理，减少不必要的搬送，还可以节省至少 20% 的场地，在今后三个月要逐步实施 4. 增加一个统计数据：设备可动率和稼动率（最终决定由工程技术课进行统计）
生管部	1. 部门工作没有按照 QCDSM 进行总结，目标不明确，没有理解部门工作的焦点是什么 2. 部门管理者要学会用数据或趋势图来表示工作的实施状况，而不是用文字 3. 管理者还要学会从趋势图中看问题。如：库存天数，公司要求的目标是 15 天，现在平均值是 21 天，那么要研究哪些品种达成了目标，哪些还没有；哪些供应商的物料符合要求，哪些供应商不符合等等，找到问题之后才能开始改善 4. 生产管理部门是物流和信息流的控制中枢，但是你们的管理水平已经落在现场部门的后面了 5. 你不妨和现场部门的经理进行交流，学习和借鉴他们的做法，重新做一份报告提交上来
…	……

看得出来，这家企业的经营者具备了相当高的管理素养水平，他的点评务实、到位，不仅可以推动部门工作，还对部门管理者起到了很好的培训和教育作用。

7. 质询会上的约定事项课题化

除了发布以上会议纪要之外，还可以由质询会组织部门负责，把质询会上的有关约定事项进行课题化处理，及时提交并跟进责任部门进行处置或改善。这样做要比仅仅发布一份会议纪要好得多，有利于问题的快速解决，好处是显而易见的。

五、如何应对述职和质询会上的问题

在述职和质询会上，可能会遇到各种各样的问题。作为会议的主导方，作为教练的企业领导必须积极面对这些问题、正确引导与会者并找出解决的办法。

1. 计划完成情况不好怎么办

述职过程中，企业领导可能会发现上一个月的任务完成情况没有达到预期的水平，那么就需要对原计划进行一些调整，以保证完成年度目标。也许被评估部门的负责人会说，上月生产太忙，所以没有完成改善任务。事实上，这个理由是讲不通的。也许部门负责人认为他的部门能够在下一个月将之前的损失弥补过来，但是，我们不能靠这种假设来执行计划。一旦情况没有像他预测的那样，在接下来的时间里，计划的执行就会遇到困难，这是相当危险的。

质询的目的之一就是督促其立即采取相应的措施，马上调整计划或加快工作步伐，以确保年度计划的完成。

2. 部门人员有不正确思想时怎么办

在质询过程中，领导者可以就一些敏感问题征询部门的看法，以发现可能存在的不正确思想。比如，有人将不能完成任务的责任推给其他部门，而对自身没有任何反省；部门负责人过多地责备自己的下属，等等。

每当这种时候，企业领导要毫无保留地指出管理者的错误认识，告诉他们要更多地做自我反省，工作没有做好是管理者不好，而不是员工的错等，用正确的思想、理念影响和教导他们。

3. 部门间出现无谓（没有意义）的争论或相互指责怎么办

部门间发生无谓争论大多是因为担心高层追究责任。明白了这一点之后，化解这类争论就不难了。

领导首先可以让这种无谓的争论停下来，告诉大家不用担心公司追究责任，重要的是实事求是地研究问题发生的原因，以求问题获得快速根本的解决。另外，要约束不同部门员工，要他们学会谈自己部门的问题，说明自己从问题中能吸取什么教训，该进行哪些反省，而不是去指责别的部门。

当然这里说的需要限制的是无谓的争论，一些积极向上的研究解决方案的争论是值得提倡的，不要把所有争论都抹杀掉。

4. 报告者有意回避问题怎么办

自我保护意识人皆有之。报告者生怕老总怪罪下来，会有意无意回避一些令人不愉快的事情。这时老总的眼睛要亮，可以一针见血地指出来，但是态度要平和，不要大发雷霆。

表 3–9 是一个质询会对话范例。

表 3–9　质询会对话范例之一

对话内容		备注
领导	听说你们部门上个月发生了一起事故，把情况说来听一听	态度平和地提出了话题
生产经理	噢，对不起，忘记报告了。事情是这样的，有一个员工在生产线上清点工具的时候，另一个员工在他的上方拆卸灯管，灯管没有拿稳掉下去砸了那位员工的头。砸出血了，去医院包扎了一下，花了 200 元，不太严重	部门负责人一定想：以后别瞒着了，老总清楚得很
领导	知道了。万幸没有伤得很重！从这件事情上有什么值得反省的，有什么改进措施吗	向前看不提责任的事情，且开放式提问
生产经理	我们觉得部门管理还不到位，以后要加强安全管理教育，提高员工安全意识	套话、大话，没有意义

续表

对话内容		备注
领导	这样的反省和措施不到位，不能解决实际问题，我希望你们动动脑筋，研究采取具体有效的改善措施	一针见血指出认识上的不足
生产经理	暂时还没有想出更好的办法	可见这位经理缺乏思考
领导	我这里有一个建议，能不能要求施工人员（更换灯管等）每次施工时在现场拉上警示红带，使得任何人不能进入现场（危险区），你们看行不行	给他建议，仅供参考，不要强制
生产经理	好的，我们回去马上采取对策	马上是何时
领导	告诉我采取措施的具体时间	不放任
生产经理	三天之内	这才对
领导	好的！还有一点要注意，以后发生事故特别是人身事故，要第一时间告诉我	强调领导意志
生产经理	好的	无条件接受

质询应该是一次追根究底的好机会，如果企业高层不能利用好这样一次机会，就将养成部门管理者懒惰的习惯。面对管理者含糊其辞的回答，企业领导如果不能进一步发问，现场存在问题将得不到有效解决。企业中许多问题的重复发生，就是因为管理者的搁置和无所作为。

以上对话案例还可以有另一个版本的演绎，如表 3-10 所示。

表 3-10　不好的对话案例

对话内容		备注
领导	听说你们部门上个月发生了一起事故，怎么不及时汇报？想敷衍了事吗	态度严厉地提出话题
生产经理	噢，对不起，忘记报告了。事情是这样的，有一个员工在生产线上清点工具的时候，另一个员工在他的上方拆卸灯管，灯管没有拿稳掉下去砸了那位员工的头。砸出血了，去医院包扎了一下，花了 200 元，不太严重	部门负责人在想：完了，就等着训斥吧
领导	人命关天，你说得那么轻巧。希望你们引起高度重视，再要发生同类事故，我可就扣你们的奖金了	以扣奖金来解决问题，封闭式提问
生产经理	明白了，请领导放心，我们一定加强安全管理教育，提高员工安全意识，杜绝问题再发生	套话、大话，没有意义
领导	那好吧，以后注意	结束了对话

这样的对话，听上去领导十分重视安全问题，但事实上却不能为解决问题打开通道。管理者并不能因此养成“追根究底”的好习惯，而更多地学会和老总周旋，硬着头皮熬过去就行了。

5. 部门负责人存在抵触情绪，态度消极怎么办

某企业一位年岁较大的财务经理对待述职和质询会一直抱有抵触情绪，态度消极。他不止一次在质询会上说："我觉得财务部管好钱就行了，没有什么管理指标，也不需要做什么总结吧。"抵触的原因可能有两个，一个是认识上有问题，总认为以前没有总结工作做得也挺好的；还有一个可能是能力问题，真的不知道财务该管什么。不管是哪一种，都应该明确告诉他，月度述职和质询是公司的重要工作，必须认真对待。几经提醒他还是无动于衷。

最后，老总使出了杀手锏，告诉他："你不做也好，下个月开始让你们副经理来报告。"就这样，接下去的几个月是副经理做总结和汇报。老总意外发现，原来副经理的能力其实比经理强许多，换人是最后的结局。

后来老总感慨说：**"实践证明方针目标管理确实是个好东西，不仅能培养人才，还能发现人才。"**

6. 需要相关部门支持时怎么办

某部门在接受质询时，实事求是地提出了部门的困难，为了实施改进，可能需要相关部门配合。这时，老总可以即刻叫来相关部门负责人就地协调解决问题，这样做不仅效率高，而且用行动告诉所有人任何事情都不能拖沓。

表 3-11 是另一个话题的对话范例。

表 3-11　质询会对话范例之二

对话内容		备注
领导	最近采购部门整体工作绩效不错，比上几个月有进步。但还是有一些物料迟交货影响生产。从报告中可以看出上个星期有一次 A 零件迟交货造成生产线停线三个小时。这是怎么回事	说明领导在乎三个小时停线
采购	那次是因为 X 供应商模具老化出了问题，所以造成迟交货	说明事实
领导	问题解决了吗	疑问
采购	已经解决了，那套模具已经拉回来修好了	没有举一反三
领导	但是，解决问题不能就此停止，应该举一反三，防患于未然，要不哪天 Y 供应商的模具还会出问题	指出部门看问题的不足
采购	哦	没有想过
领导	你们应该调查一下所有供应商模具的使用状况，能否做到事前管理，也就是在损坏前实施例行保养和维护	建议
采购	模具维护是技术部门的事情，以前曾经协商过，他们好像不太愿意	就算是，也不能放任不管
领导	是吗？那马上把技术部张经理叫来	雷厉风行
技术	大家好	诚惶诚恐

续表

对话内容		备注
领导	张经理，谢谢你们很快就修好了X供应商的模具。刚才我们在讨论下一步怎样把工作做得更好，可能需要技术部门的参与。如果要做到以后不再发生模具自然老化造成产品不良的问题，你有什么好的建议没有（还是开放式提问）	积极引导技术部自主提出改善方法
技术	要做是有办法的。我们可以前往供应商做一次全面调查，并制作一个模具使用状况台帐，根据台帐按时进行事前的维护和保养	主动提出，心里比较坦然
领导	这是个好办法，这样吧，由采购部协调技术部一起做一个计划，下周一给我。因为关系到供应商的配合问题，我要签发这份计划文件	顺水推舟表明意志
采购	好的	领命而去皆大欢喜
技术	好的	

要知道，这样的对话是十分有效的，因为整个问题的处理过程中没有坏人，没有怨恨，心态积极，有利于下一步工作的落实。假如，董事长把技术部经理叫来一顿责骂，结局会怎样？可想而知，技术部经理一定会怨恨采购部告了恶状，担心老板对自己部门有成见，不利于部门间团结，不利于调动技术部门的积极性，不利于问题的有效解决。

第三节 绩效提升课题之项目管理

企业经营者除了运营以上各个会议体之外，还必须学会授权经营革新部门运营绩效提升之项目管理机制，即焦点课题改善机制，推动以提升经营绩效为目标的课题改善项目管理活动。

一、导入工业化思维，推进课题改善

虽然 PDCA 循环很多人知道，但用来解决实际问题时，能熟练应用的人却非常少，所以还是要从基础说明，还是需要通过实践课题才能真正学会并掌握。

1. PDCA 循环

PDCA 循环如下图 3-9 所示。

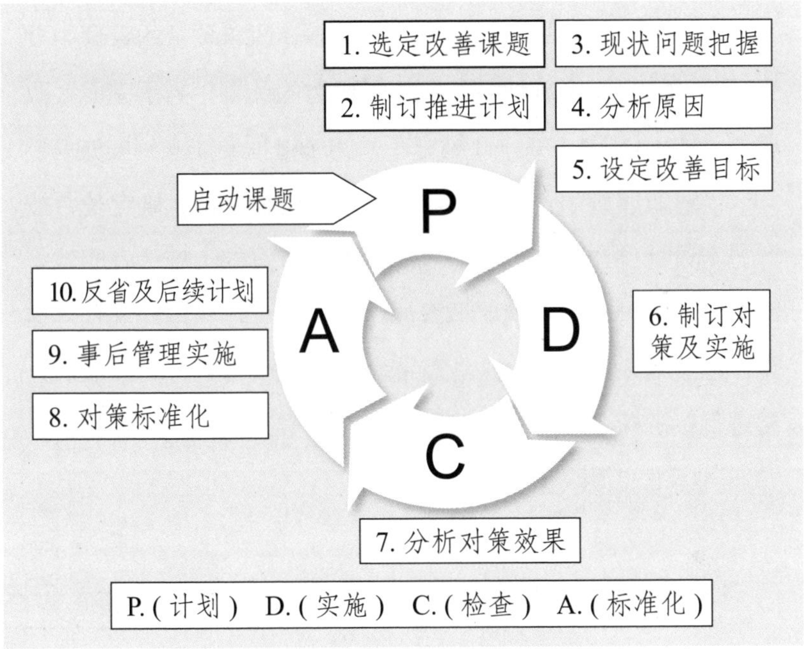

图 3-9 PDCA 管理循环图

PDCA循环是一个管理循环，更是一个改善循环，通过计划、实施、检查和标准化，使得企业的管理水平得到提升。因此课题改善活动要遵循PDCA循环过程。

在课题的选择过程中，重点是要让团队成员充分理解这项工作的理由，使其充满使命感。此外，在改善项目的管理中要强调行动计划和实施计划，制订了优秀的计划相当于完成了改善活动的60%到80%。计划好了，实施过程便能水到渠成。

当对策实施后企业应对改善的效果进行确认，确定是否按照方案设计并达到了预期的效果。如果方案的实施卓有成效就继续往前推进，否则就要调查原因，重新进行具体的规划。这样，通过效果的确认，企业就能牢牢把握改善的方向。最后，要进行标准化工作，将经过验证的有效方案固化为执行标准，并通过标准使得改善效果实施下去。

2. 课题开展的具体步骤与方法

如图3-10所示为课题开展的具体步骤与方法。

步骤	主要内容	相关表格
1. 选定改善课题	待定课题的意义和目的 检讨待定该课题的必要性和可能性	《课题申报》（初期不使用） 《课题成员登记表》
2. 制订推进计划	检讨具体实施步骤及负责人 实施事项的计划表 小组成员确定及登记	《课题推进计划表》（甘特图）
3. 现状调查	调查现状的数据 调查现状流程 调查具体问题现象	《现状问题记录表》（现场用）
4. 原因分析	追查和分析原因 分析主要原因	《4M2E11 分析表》（现场用） 《问题点改善跟踪汇总表》 《QC 工具》具体应用
5. 设定改善目标	设定目标项目、目标值及期限 目标达成的思路及步骤	《目标设定表》
6. 确定对策及实施	确定改善思路和方法 制作先行改善事例 计划书编制、诊断 全面水平展开实施	《XX 问题点改善跟踪汇总表》（中间部分）
7. 分析对策效果	确认效果（有形效果和无形效果） 进行改善后实际值与目标值的比较分析	改善提案简易表格 《XX 问题点改善跟踪汇总表》 （后面部分）
8. 对策标准化	制订或修改标准	结合贵公司自身标准
9. 事后管理实施	教育实施及遵守确认	
10. 反省及后续计划	本课题活动的收获 确认遗留问题 今后改善课题确定 课题总结与报告	

图 3–10　课题开展的具体步骤与方法

二、课题改善中的项目管理

项目管理制度是推动项目管理运行的制度。当课题提出后，有些部门可能会落实，有些部门可能不落实，这时企业就应通过项目管理来加强执行力。但是，国内绝大多数企业内部没有项目运营的机制，导致执行力普遍不足。因此，要进行课题改善，项目管理制度的执行一定要有力度、有保证。

在课题改善的项目管理中，一般要遵循下图 3-11 所示的步骤。各个部门首先要对课题进行定义并履行课题申请责任，然后制订改善计划，对计划进行诊断。诊断就是辅导，主要了解计划制作过程中是否存在问题、在此过程中有无好的事例等。当获得很好的效果时，要对此结果再进行一次诊断，然后完成报告和标准化，最后发布成果。

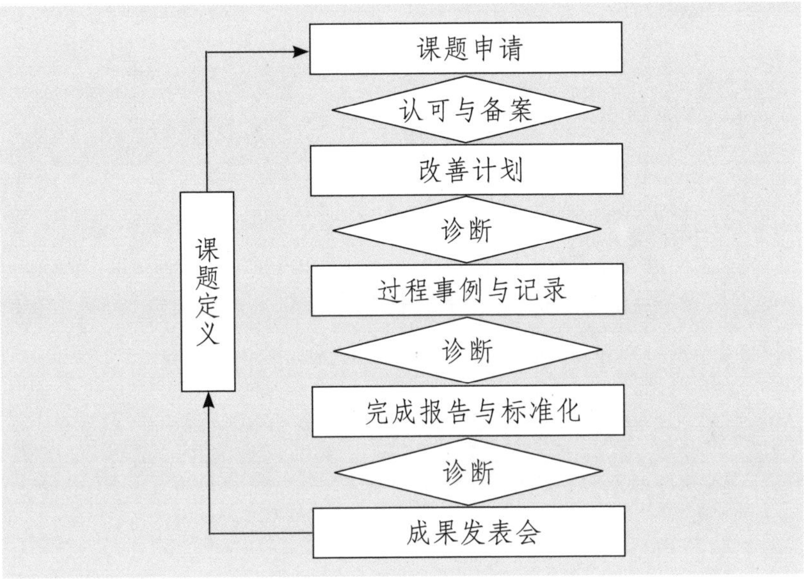

图 3-11　项目管理的步骤

第四章

算盘与利润缔造

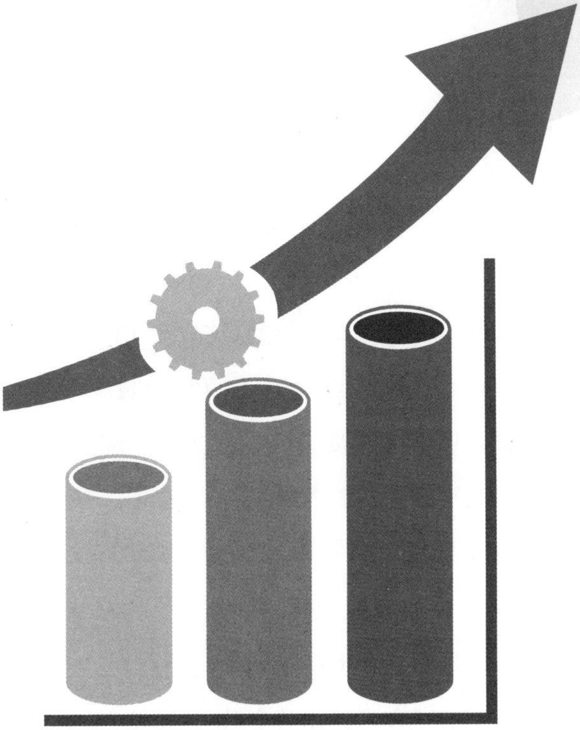

案例

某炉具制造企业两年利润增5倍

1. 经营中的问题

某炉具制造企业年销售规模在3亿多元，自2010年之后销售额停滞不前，在3.3亿元左右徘徊，盈利额开始下降，感觉经营越来越难。2011年盈利900多万元，2012年盈利不足400万元。

按照劳动力成本持续上涨的态势，如果听之任之，2013年就有可能陷入亏损的尴尬局面。更可怕的是，由于订单交货延迟现象日益严重，可能造成客户取消合作，怎么办?

企业经营者找到我们，经协商决定由我们帮助其扭转局面，提升企业经营利润。

我方顾问对客户中高层进行了访谈，他们的回答如下。

（1）有订单做不出来，销售额总是徘徊在3亿多元一点；

（2）交货经常延迟，品质不稳定，客户索赔等失败成本高；

（3）员工流动率高，作业熟练程度不高，效率低下，成本高；

（4）模具车间效率低，总是拖订单交货的后腿；

（5）供应商水平差，交货不及时，经常影响交货。

在管理者访谈之后，我方顾问还深入管理现场，对各部门工作进行了实地诊断调研，发现访谈中谈到的问题大多真实存在。但是，所有这些问题只是表象而已。我们通过对以上问题以及流程进行追根溯源，透过现象看本质，发现问题发生的脉络如下。

第一，对最近三年的销售额数据进行分析后得知，销售额徘徊不前的原因不是因为销售本身，而主要是因为大量的交货延迟造成的。而交货延迟的原因多种多样，有供应商交货延迟引起的，有五金车间加工延迟引起的，也有模具交付延期造成的，还有品质不良造成的，所以交不了货成了常态，正常交货倒变成一种随机性事件。

第二，根据调研发现，交不了货的根本原因是生产计划和调度工作缺失。因为公司计划部门只负责把订单做成月度需求交给各部门，既没有严肃的生产计划，又没有调度人员强有力的订单跟进机制的约束，与生产相关的多个部门各行其是，凭感觉做事情。即便自己造成延迟，还可以说出一大堆理由，技术资料不齐、订单周期太短等等。

第三，五金车间零部件大量积压，却经常因为零部件延迟造成总装车间停产。原因是，五金车间拿到计划部门的月度需求之后会公布在部门管理看板上，又由于计件工资的缘故，员工“积极主动”地选择那些容易的和工费高的产品先做，而真正需要的产品可能因此被耽搁。这样重大的问题，人们视而不见。

第四，模具车间内部根本没有进度管理的概念，就靠一名技术出身的车间主任凭记忆进行管控。由于拖延影响生产进度，主任招数不多，只得采取让员工写保证书的形式做管理。由于没有科学有效的跟进管理手段，员工们根本就不把保证书当回事。交不了货乖乖认罚，或者受不了了，一走了事。

交货问题，在这里真成了一团乱麻！经过我们有序的调整和改进，只花了不到半年的时间就理顺了关系，极大地提升了准时交货率水平。

◇经营利润率从不足 1.5%，提高到 7% 左右。

◇准时交货率由 60% 左右，提高到接近 100%，基本没有交货延迟现象。

◇客户投诉件数减少 70%，各类失败成本降低 80% 以上。

◇五金车间等中间在制品减少 80% 以上……

2. 利润提升工程的四个步骤

第一步：盈利分析与瓶颈识别

进行盈利能力分析，识别经营战略瓶颈。从盈利保障、效率提升以及未来可持续发展等几个维度分析研究的结果都是：改善交货并恢复客户信赖是当前经营活动的战略重点，必须在短期内获得突破。

等到交货优化之后，我们才有时间和空间来具体规划企业未来的发展。

第二步：分三条主线实施革新改善

对生产计划管理的逻辑与具体举措进行了科学规划。首先，根据加工流程特点等把产品分成若干品类，针对每一个产品品类，由销售、采购、计划以及生产等各相关部门协商决策一个以订单交货日为管理起点的生产周期节点，直至销售下单为止。其次，共同决定计划部门的调度职责、跟进办法以及各部门的响应规则。第三，辅之以可视化的订单交货管理系统，让订单进度管理结果始终处于管理之中。

要注意，光有计划和调度还不行，还需要对流程中的难点问题进行针对性解决。

第一，以总装为拉动主计划，抓零部件齐套率管理，即要求在总装投入之前，必须保障所有零部件全部以良好状态准备到位。这样做的好处在于，既可以对前端形成强拉动硬约束，倒逼前端及时跟进，又可以减少总装投入后因零部件延迟造成换线等异常情况出现，可以极大地提高生产效率。

第二，向模具部派驻一名计划员，帮助模具部门按照公司规则对模具开发和准备过程的进度进行有效管控。

第三，把采购部的跟单员全部动员起来，对延迟交付的零部件实施提前预警，并按照预警的紧急度进行提前量跟进。针对那些可能延迟交付的情况，提早进行责任上移管理。

第四，对五金部门的加工顺序进行约束，明确规定最多只允许比交付时间提前三天加工零部件，否则不计工费。这样彻底限制了五金加工部门的随意性和交货延迟现象，并极大地减少了中间在制品的数量 ......

以上各个问题渐次得到解决，订单按时交付比例直线上升，取得了很好的效果。

第三步：战略规划与战略落地

为了企业可持续发展，我们对客户企业的下一步发展进行了规划，规划内容主要在以下两个方面：一是经营发展战略规划，二是管理升级战略规划。

经营发展战略规划，主要是指规模发展战略（新市场、新客户、新产品）、竞争优势战略（研发和供应链）以及经营效率战略（资源效率）等三个方面的内容。管理升级战略规划，主要是指对生产模式、生产流程、生产工艺以及生产设备进行全面升级等内容，目的是让生产系统更具竞争力。

最后，把这些战略方向和战略举措投射到企业年度经营计划之中，并通过持续运营和跟进落实企业经营计划，逐步提升企业经营竞争力水平，提升企业经营利润。

第四步：为提升经营利润持续改善

为持续提升企业经营利润水平，促进员工参与改善是必须的。

第一节 我们的经营为什么越来越难

一、挤压经营利润的关键要素

最近几年以来，企业经营形势已经或正在发生深刻的变化。许多老板抱怨，企业经营越来越难，利润率越来越低。多数企业即便销售额在增长，可是利润率却在下降。为什么会这样呢？

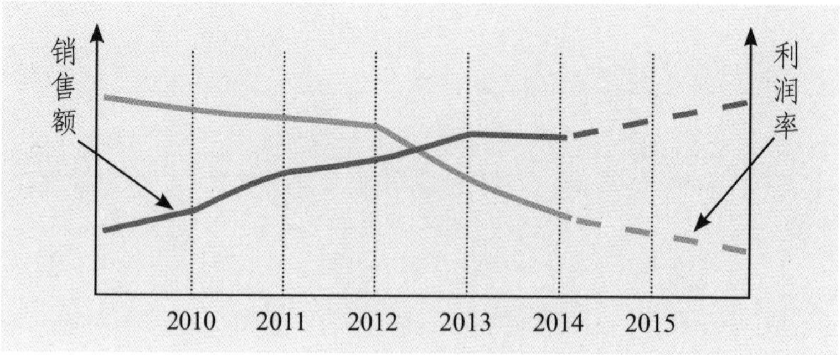

图 4-1　企业经营形式的变化趋势

我们就这个问题对企业做了调查，他们认为以下几个因素是问题的症结之所在。

1. 市场或客户压低了产品或服务价格

除了拥有垄断地位的企业之外，绝大多数企业其产品和服务的售价自己说了不算，而是由充分竞争的市场决定的。企业如果不能实现差异化竞争，或者不能证明向客户提供更高的附加价值，降价就将是不可避免的选项，其结果是利润率随之降低。

2. 长远看，原材料、能源价格持续涨价

尽管各种原材料以及能源价格等在不同阶段看上去有涨有跌，但从长远看，绝大多数原材料以及能源等因其不可再生性，价格上涨不可避免。企业通常必须同时面对售价降低和原材料涨价的双重压力，企业盈利越来越难。

3. 工资福利连年上涨，造成劳动力成本占比提高

曾几何时，企业经营者还在抱怨政府发布最低工资标准抬高了企业工资成本，也抱怨政府出台新合同法让员工变得不好管。而今天，制造企业的经营者发现真正严峻的问题是：找不到干活的人了，劳动者有了更多的选择，进一步提高员工待遇

已经没有了讨论的余地。

企业不得不承受每年 10% 以上的工资待遇增长压力，经营利润率被进一步压缩，企业盈利难上加难。

4. 管理成本居高不下，影响盈利水平

改革开放以来，国内企业抓住了世界产业转型的大好机会，实现了规模上的超常规发展。但由于忙于规模扩张和疏于精细管理，造成企业发展粗放，管理水平不高，管理成本居高不下，影响企业盈利能力。

除此之外，还有其他一些问题直接或间接地影响企业盈利，使得企业盈利越来越难。

如果任由这些要素发展下去，企业必将由盈利走向亏损，这肯定是企业经营者不愿意看到的结果。

本书的目的，就是要教会大家以积极态度面对现在的困难，用科学方法规划未来的经营，并在先进管理理念的指引下展开自主创新经营活动，彻底逆转目前的被动局面。

二、如何逆转利润率下降的趋势

从本书第一章盈利能力的分析中可看出，要提升企业经营利润率，必须从开源和节流两个方面着手。也就是说，我们可以直面上述的几个问题，进行相对应的研究和突破。

1. 如何应对市场竞争中的压价行为

面对日益加剧的竞争，企业可以从以下多个方面展开工作，以便在竞争中获得有利地位。

◇从战略高度出发，构建更具个性和特色的新盈利模式。

◇研发和推出新产品，提升产品附加价值。

◇从品牌建设和营销模式优化出发，改善客户认知。

◇通过扩张销售规模，摊薄固定成本，实现规模效益……

2. 如何应对原材料、能源价格上涨

通过推动旨在提升资源利用效率的改善活动，应对未来原材料、能源价格上涨。具体可以从如下两个方面展开工作。

◇通过优化研发设计、改良工艺或者升级装备，减少

原材料和能源的使用量。

◇通过管理改善和减少浪费，提高原材料和能源等的使用效率。

3. 如何应对劳动力成本上升的趋势

要以追求员工精神和物质两个方面的幸福为己任，在保障员工个体工资和福利待遇可持续增长的同时，充分发挥他们的主观能动性，持续提升生产效率来应对劳动力成本上升。

通过发动广大员工积极参与精益改善活动，既能降低员工的劳动强度，又能够极大地提升生产效率。**只要效率提升的速度高于劳动力成本上涨的速度，就可以保持甚至降低销售额中的劳务费占比。大量的精益改善实践已经证明，这是行得通的。**

4. 如何降低居高不下的管理费用

冰冻三尺非一日之寒，管理费用居高不下是长期粗放发展留下的管理惰性，不能期望一朝一夕就能够解决。需要从转变观念、学习科学方法开始，并通过全员参与的精益改善逐步提高经费使用效率。

本书将介绍一个可行且有效的科学管理方法，即采用部门利润核算的算盘机制，让部门管理者更加主动地关注企业利润，从部门利润核算中看到影响利润的关键因素，并通过研究和落地增加部门利润的改进措施来达成提升利润的目的。

第二节 如何核算部门的利润

一、利润中心和成本中心

在企业多个职能部门中，有些部门属于服务客户的关键流程，比如销售和生产等部门；有些部门则属于关键流程之外的辅助流程，如人事、行政、财务等部门；有些部门可能两者兼而有之，比如研发和采购等部门。因为客户是我们的衣食父母，所以处于服务客户第一线，即关键流程中的部门是企业赚取利润的直接部门，而其他部门就是间接部门。

同样，我们从开源节流的思维逻辑中也可以得出同样的结论：对开源有直接贡献的部门叫作直接部门，对开源没有直接贡献的部门叫作间接部门。

为了明确各部门在缔造利润和开源、节流中的作用，我们把处在关键流程之中和对开源有直接贡献的部门或组织定义为“利润中心”，把那些处于关键流程之外和对开源没有直接贡献的部门或组织定义为“成本中心”。介于两者之间的部门或组织可以定义为利润中心和成本中心两者兼而有之。利润中心和成本中心的具体定义如下。

1. 销售和制造等部门为利润中心

销售和制造部门是企业创造利润的主体，理所当然要成为利润中心。

表 4-1　以销售和生产为利润中心

	中心类别	对应业务	名义收入来源或结算对象
生产部门	利润中心	按订单要求生产和提供产品	收入 = 销售额 − 销售佣金 − 安装佣金
销售部门	利润中心	从客户处获取订单，从订单收入中获取销售佣金	收入 =（销售额 − 材料成本）×m%
售后部门	利润中心	按要求提供售后服务，从服务中获取服务佣金	收入 =（销售额 − 材料成本）×n%

以上的 m、n 要根据行业特点和有关情况进行具体约定。

如此定义销售部门和售后部门的收入是有好处的，让所有部门共有同一个导向，即努力把源利润做大。

2. 人事、行政、财务等部门为成本中心

表 4-2 以人事、行政、财务等为成本中心

	中心类别	对应业务	名义收入来源或结算对象
人事部门	成本中心	向全公司提供人力资源服务	公司年度预算
行政部门	成本中心	向全公司提供行政服务	公司年度预算
物流部门	成本中心	向制造部门提供物流服务	公司年度预算
检查部门	成本中心	完成职能范围内的日常工作	公司年度预算

以上各部门一般只是成本中心。但随着公司的发展以及部门能力的提升，也许从某个时候开始可以从外部获得收入，在开源上有所作为，这时可以在成本中心之外申请注册利润中心。比如，人力资源开始对外提供培训服务获取收益、物流部门开始对外提供物流服务获取收益等都属于此类情况，可以申请注册利润中心。

3. 采购、研发、工艺等部门两者兼而有之

采购、研发、工艺等部门既可以是成本中心，也可以同时申请或被要求申请注册成为成本和利润两个中心。由于客观条件所限，暂时不能申请成为利润中心的情况除外。为了清晰界定成本中心和利润中心的收入来源，具体可做如下安排。

表 4-3 采购、研发、工艺等成本与利润兼之

	中心类别	对应业务	名义收入来源或结算对象
研发部门	成本中心	按计划完成新品开发业务	公司年度预算
	利润中心	老产品主动降低成本设计业务	填写结算单，与制造部门结算
采购部门	成本中心	按计划要求采购原辅材料业务	公司年度预算
	利润中心	降低采购成本业务	填写结算单，与制造部门结算
技术部门	成本中心	向制造部门提供技术支持服务	公司年度预算
	利润中心	主动进行工艺改良提升效率等	填写结算单，与制造部门结算
财务部门	成本中心	完成职能范围内的财务日常工作	公司年度预算
	利润中心	申请政府各类补贴资金等	以到账补贴金额为准

二、不同部门或团队间的核算准则

要对利润中心和成本中心的盈利情况进行核算，就要事先定义好相关的核算准则。也就是说，要事先对利润中心和成本中心的收入、成本进行具体的定义。特别是涉及不同利润中心或成本中心间的结算需要约定具体规则，以便让核算结果真正地发挥对经营管理的促进作用，并提高核算效率。

不同部门或团队间的结算必须遵循以下原则。

1. 利润中心间的结算原则

利润中心间的基本结算原则可以分为如下三类。

第一类是常规结算，即部门间实施的交易是常规发生的。比如，销售部门和生产部门、售后服务部门之间的结算。这类结算可以事先约定好结算价格，然后各部门按约定规则自行进行核算，无须再进行部门间结算请求。比如某产品销售价是100 元，标准材料成本是 50 元，事先约定销售部的销售佣金是源利润的 15%，售后服务部的服务佣金是 5%，那么可以算出，每销售一个，销售部得到 7.50 元，售后服务部得到 5 元，余下的 37.50 元属于制造部所得。对于那些材料成本数据不详的企业，开始可以退而求其次，用销售额的一定比例来核算所得。

生产、销售和售后服务三个部门间的源利润占比分配，原则上需要基于外部市场同等业务价格进行决策。实在没有参考，也可以在上级领导主持下由三方协商决定一个结算初值，初值设计可以通过计算后面将会提到的单位时间附加价值来确立。方法是，先算出月度平均单位时间源利润（= 月度源利润总额 / 月度工作总时间），然后根据各部门工作时间，推算各部门的分配比例。

当有两种情况发生时，常规结算价格可以进行调整。一种是，发现结算价格严重扭曲，可以在必要时进行调整。另一种情况是，部门业务价值发生变化时，结算价格可以进行调整。比如某企业随着产品竞争力和行业地位的不断提升，销售部的作用趋于简单，这时销售部和生产部门之间的结算价格就可以进行调整。

第二类是非常规结算，即部门间发生的交易是阶段性或临时性的。比如，采购部门利润中心进行了降本改善，此时采购部利润中心可以依据事实，填写降本金额请求单，向生产部门申请费用结算。经生产部门核实签字后，视同双方交易完成，即把降本金额计入采购部利润中心收入，同时计入生产部利润中心成本。又比如，不同生产部门之间需要临时借用员工，借出部门可以填写劳务费金额请求单，向借入部门申请费用结算。

第三种情况无须结算，即某部门直接从外部获得收入的情况。此项收入可直接记为利润中心收入，无须和其他部门结算。比如财务部门从政府拿回的补贴、人资部对外提供培训服务获得的收入、生产部利用生产余力对外提供加工服务获得的额外收入等都属于此类。

2. 成本中心间或与其他中心间的结算原则

为了简化结算工作，提高核算效率，我们建议：成本中心和成本中心间，以及成本中心与利润中心间一律不做结算。公司给予的预算额度视作成本中心的收入，没有预算管理的企业，则可按照过往统计经验值作为部门收入。

需要注意的是，成本中心即便无须做部门间结算，但需要认真履行对其他部门的服务职能。否则，在接下来的费用分摊中可能就会遇到麻烦，即承担分摊费用的利润中心有权利对其服务提出质疑，甚至承受强力要求缩减费用的压力。

3. 成本中心费用如何公摊

为了求得公司利润总额，需要对成本中心的费用进行分摊处理。具体分摊办法，可以在上级领导主持下由利润中心代表协商决定。既可以考虑按利润中心收入金额比例分摊，也可以按照部门人数比例进行分摊，还可以按照各利润中心享有成本中心服务多寡来分摊。

但是，分摊办法要注意尽量简化计算办法，不要复杂化。分摊费用是为了计算利润中心的利润，所以每月分摊一次即可。

第三节
利润中心和成本中心核算准则

一、利润中心的利润核算

1. 利润核算方法

利润中心的利润核算可以得出两个有意义的数字，一个是单位时间附加价值，另一个是部门经营利润。

部门单位时间附加价值 =（收入 － 成本费用）/ 核算期间工作总时间。

部门经营利润 = 收入 － 成本费用 － 部门人工费用 － 分摊费用。

以下是生产部门的月度利润核算案例。

表 4-4　某生产部门的月度利润核算案例

结算项目	金额（元）	占比	备注
结算收入 1	10,000,000	50.00%	与销售部门结算得出
结算收入 2	10,000,000	50.00%	/
总收入	20,000,000	100.00%	/
材料成本	15,000,000	75.00%	材料对销售额占比
折旧费用	1,000,000	5.00%	费用对销售额占比
……	1,000,000	5.00%	/
辅助材料	600,000	3.00%	/
电费	500,000	2.50%	/
水费	500,000	2,50%	/
办公费用	400,000	2.00%	/
附加价值	1,000,000	5.00%	/
作业时间	20,000	100.00%	100×25×8=20,000 小时
单位时间附加价值	25.00	100.00%	此数据进行纵向比较有意义
员工工资	500,000	2.50%	工资对销售额占比须管控
分摊费用	100,000	0.5%	也可纵向比较
部门利润	400,000	2.00%	利润率为 2.0%

在以上报表中，单位时间附加价值可以进行每月、每周甚至每天结算。由于员工工资和分摊费用通常是月度结算的缘故，所以部门利润可以每月核算一次。

2. 从核算利润表中发现问题

有了这张利润表，生产部门管理者就可以进行更有目的性的部门经营和管理了。上表中的每一个数据都应该成为管理者关注的对象，而且需要从以下几个维度看问题，并根据必要决定是否把问题上升为课题进行专题改善。

首先，从收入角度看问题，看是否已经充分释放了产能，按订单要求完成了交货。对那些因不能按时交货影响收入的情况进行改善。

第二，从成本和费用绝对值看问题，特别是对那些占比高的项目进行重点关注，必要时可以设置改善课题进行专题改善。

第三，从纵向时间轴方向比较收入、成本和费用的变动看问题，对那些有异常（增、减）变动进行重点关注，必要时也可以设置改善课题进行专题改善。

其他利润中心也可以像生产部门利润中心一样进行核算，并从中发现问题和解决问题，提高部门经营利润。

二、成本中心的利润核算

1. 成本中心的利润核算

成本中心的利润核算主要可以得出一个重要的数字，即部门利润。

部门经营利润 = 收入 − 成本费用 − 人工费用

部门费用占比 = 部门总费用 / 销售总金额

以下是人力资源部门的月度利润核算案例。

表 4-5 某人力资源部门的月度利润核算案例

结算项目	金额（元）	占比	备注
预算金额	100,000	100.00%	没有预算管理的，可以用过去统计的实际数据作为收入
其他收入	0	0.00%	/
部门总收入	100,000	100.00%	/
员工工资	50,000	50.00%	/
培训费用	15,000	15.00%	/
……	15,000	15.00%	/
电　费	5,000	5.00%	/
水　费	5,000	5,00%	/
办公费用	5,000	5.00%	/
其他费用	2,500	2.50%	/
部门总费用	97,500	97.50%	/
部门利润	2,500	2.50%	利润率 2.5%
销售总额	2,000,000	/	/
部门费用占比	/	4.875%	部门总费用 / 销售总额

考虑到成本中心支出有一定随机性，核算每周每日的数据意义不大，所以建议成本中心每月进行一次核算即可。

2. 从核算表中发现问题

有了这张核算表，人力资源部门管理者就可以进行更有目的性的部门管理活动了。上表中的每一个数据都应该成为关注的对象，而且需要从以下几个维度看问题，并根据必要决定是否把问题上升为课题进行专题改善。

首先，从费用绝对值看问题，特别是对那些占比高的项目进行重点关注，必要时可以设置改善课题进行专题改善。

第二，从纵向时间轴方向比较各单项费用和部门费用率的变动看问题，对费用或者费用率进行重点关注，必要时可以设置改善课题进行专题改善。

第三，还可以通过与其他公司或标杆企业的费用率进行比较，发现自己企业服务能力的差距，必要时可以设置改善课题进行专题改善。

其他成本中心也可以像人力资源部门一样进行核算，并从中发现问题和解决问题，提高部门管理效率。

三、核算战略性支出

有人认为年度财务预算管理没有用，这是十分片面的。好的预算管理将至少在这样几个方面发挥重要作用：一是对各项费用的支出框定一个范围，避免各部门在支出方面各行其是，大手大脚；二是对企业战略性支出予以重点保障，避免管理过程中的短视行为；三是通过预算对企业年度盈利进行估算，为高层的经营决策行为提供支持。

所谓战略性支出，就是指那些对企业可持续发展战略相关的资金投入，如设备更新换代、研发投入、品牌及营销费用、学习和成长支出等。不同企业，不同时期，所需保障的战略性支出不一样，不能一概而论。

关于战略性支出的保障，需要从以下两个层面予以管理。

1. 把战略性支出列入刚性预算

我们建议，**在每年年初召集的年度战略研讨会上，需要对年度战略性支出进行研讨和决策，最后以刚性预算的形式做出安排，并由被授权部门认真执行预算。**

需要注意的是，花钱本身不是目的，一定要基于战略任务实事求是地提出预算才对。

有些企业在战略支出保障方面的做法是错的，需要予以纠正。

某企业在专家学者的建议下，对品牌和营销费用进行年度预算，额度是销售收入的 3%。可是，这 3% 的预算到底会花在什么地方，年度的营销活动有什么，需要投放什么广告，年初都没有规划。开年之后，品牌部门就开始在额度内随意支出，到第四季度发现还有较多余额，就开始突击花钱，搞一些意义不大又花钱不少的活动，美其名曰要认真执行战略预算。时间长了，不知不觉间花钱成了习惯，花钱成了目的。

正确的做法是，要本着实事求是的原则，基于年度营销活动和品牌宣传的战略任务进行逐项预算。然后，通过具体执行年度活动计划来保障战略性支出的落实。

2. 高效使用战略性支出

即便是基于战略任务进行的预算，也不是说在预算内就可以随意花钱，需要负责战略支出部门本着高质高效的原则花好每一分钱。通常情况下需要对重点活动的投入产出比进行核算。比如，设备采购、技术升级以及广告宣传等，投入产出比研究都应该是不能缺失的重要工作。

除此之外，为了保障战略性支出的合理性，还可以由公司指定第三方展开事前、事中或者事后评估和监督，以提高费用使用效率。

四、活用算盘核算法

基于以上阐述的各相关规则，我们可以尝试更高效地运用这些方法，持续改善管理精度，提升管理水平。

1. 运用于更小组织的核算

以部门为单位的核算成功之后，可以将之运用到更小的业务单元进行核算。比如以生产线为单位进行核算、以班组为单位进行核算或者以某台设备为单位进行核算，培养基层管理者和广大员工的（成本和利润）经营意识，提升他们的革新意愿，促进他们的改善行动。

2. 核算公司总利润和总费用

基于各部门的核算数据，我们可以通过叠加各个利润中心的利润额，简单得出公司的总利润。这个利润额将正比例于公司财务会计得出的利润额。

也可以通过叠加同类费用的数据，得出各项费用总额，用来分析公司的经营管理状况，以便找到改善的方向。

第四节 利润核算结果运用

一、走出利润核算结果利用的误区

1. 把部门核算制做成承包责任制

有人认为，承包责任制是一种先进的管理方式，并以当年改革开放初期中国农村的承包责任制作为成功范例来证明。在这种思潮下，有些企业经营者希望通过承包责任制来规范管理，提高管理者和员工的责任意识，调动他们参与经营管理的积极性。还有些没有实践经验的专家学者也以为承包责任制能够帮助企业解决经营管理难题，能够让员工看在自身利益的份上，负责任地做好自己该做的工作。

在改革开放初期的中国农村，承包责任制之所以获得了某种程度的成功，完全是由当时的经济基础决定的。现如今，人们发现承包责任制已经成为制约农村经济发展的瓶颈，所以倡导用社会化大生产替代从前那种以个人经营为主体的旧模式。可是，承包责任制之所以在社会上还颇有市场，原因在于没有人把承包责任制的不足讲清楚。

我坚持认为，承包责任制原本就是一种落后的生产方式。从表 4-6 的对比中，读者也可以得出承包责任制确实不适合现代企业管理的结论来。

表 4-6 不同时期农业生产的对比

	当年的农业生产	当今的农业生产	现代企业管理
生产目的	劳动者养活自己	组织创造利润	企业创造利润
生产资源	家庭劳动力为主	劳动力、农机装备以及销售渠道等	产业工人、制造装备、工艺技术以及销售渠道等
生产流程	简单	人机配合稍难	复杂
技能要求	低	中	高
管理难度	低	中	高
产出效率	低	高	高
劳动者责任能力	和国家共享收益	和组织共享收益	和企业共享收益
	独自承担亏损	无法承担亏损	无法承担亏损
承包责任制	阶段适用	不适用	不适用

之所以能够得出承包责任制完全不适用现代企业管理的结论，最根本的理由是：**在现代企业管理中，个体或者局部的力量并不能保障企业持续盈利的实现，所以盈利变成一种随机事**

件。盈利的时候可以按照承包合同论功行赏，皆大欢喜；亏损的时候劳动者肯定无力承担，最坏的情况就会是一走了之。

这样一种权利和责任无法对等实现的管理模式，注定是不可持续的。所以做部门利润核算制，企业领导依然需要不断精进，帮助并辅导部门或员工达成目标，绝不可以期望把它简单办成所谓的承包责任制。

2. 承诺根据部门利润进行高额奖励

为了提高管理者和员工参与经营管理的积极性，还有一种错误的认识和做法是，年初承诺公司将根据部门经营利润进行高额奖励。这种做法也是十分不可取的。这不仅会让管理者和员工变得关注和计较个人得失，阻碍部门损益核算工作的推进，还可能让企业文化走向堕落。

我们有一家广州客户，在某学习班上学习了阿米巴经营之后，公司领导决定自主导入阿米巴经营制度，并在高管会上承诺，只要做得好，公司将根据部门利润的多寡对部门领导进行重奖。

公司领导宣布了关于重奖利润缔造者的基本精神之后，就授权副总带领各部门，研究部门核算规则以及部门间核算价等一应事项。但是问题来了，几个部门长通过长期的酝酿和多次的反复研讨，始终拿不出一个令大家满意的方案来。特别是关于部门之间的结算价格，每个部门长都在据理力争，生怕在决策中吃亏，最终影响部门长自己和员工的利益。

半年之后，这家企业的领导还是找到我们，要求就阿米巴经营的核算制给予辅导。根据经验，我们向这家公司的领导建议：部门管理者和员工的年终奖不能与部门核算利润的绝对值挂钩，避免因为利益关系阻碍工作的开展。领导接受了我们的建议，并在高管会议上做出了更正，并承诺：公司将根据总体经营情况（总利润）对阿米巴导入及其他管理活动中表现突出的部门和个人予以奖励。

二、如何利用好部门利润核算结果

部门利润核算的目的除了提升企业经营利润之外，主要是为了培养各级管理者和员工的经营意识，提升他们管理和经营团队的能力。基于这个目的，我们可以从以下几个方面活用部门利润核算结果。

1. 关注部门利润总额，更要关注利润增减幅度

由于部门间结算价的主观性，部门利润总额并不能说明部门经营管理的好坏。与其关注部门利润总额，更应该关注部门利润的增减幅度。一个部门前一个月盈利 300 万元并不值得骄傲，相反这个部门如果后一个月只盈利 200 万元，就是大问题。一个部门前一个月亏损 50 万元也无须气馁，相反这个部门如果后一个月扭亏为盈，就值得称道。我们要学会根据纵向比较的原则，活用部门利润以及利润增减幅度等数据。

2. 用作评价部门绩效的管理指标之一

在评价部门绩效的时候，除了以往使用的Q（品质）、C（成本）、D（交货期）、S（安全）、M（士气或积极性）等管理指标之外，还可以加上部门利润增减幅度指标。如果说部门利润增减幅度是一个重要的结果指标的话，那么其他指标就是重要的过程指标。只有结果和过程指标全面发展，才能够对企业可持续发展提供有力的支持。

可见，部门利润核算结果和其他管理指标一样，可以用来评价部门和个人绩效，可以成为决定奖金以及晋级的重要依据。

3. 根据核算结果，帮助部门管理者改进工作，提升意识和能力

企业经营者要根据各部门经营情况，发现部门以及部门管理者的不足，并对这些不足及时予以指导，以便尽快提升他们的意识和能力。

三、如何计算管理者和员工绩效奖金

我反对把部门利润核算结果与个人奖金直接挂钩，这并不意味着部门利润核算结果和个人奖金没有关系。我建议，通过部门和个人评价等级来决定奖金的额度，这样既简单合理，又能起到一定的激励作用，具体做法如下。

1. 根据年度经营利润情况，决策奖金总量

根据企业总体经营利润的增减情况，由董事会或公司领导决策年度奖金规模，金额可以用月度员工工资总额的倍数来表述。

奖金额度通常不能在年初具体承诺，而是在年底报表出来之后决策的结果。有人说，这样做员工会相信公司的诚意吗？我们说，员工信不信公司，并不是由公司领导说什么决定的，而是由公司实际怎么做决定的。只要企业经营者本着为员工精神和物质两方面的幸福出发，每年如实报告经营状况，并合理发放奖金，很快就会在团队中树立诚信的口碑，无须顾虑。

2. 对管理者和员工进行业绩评价定级

通过对部门管理者和员工过往一年的工作业绩进行评价，并最终决定每一个员工的（A ~ E）业绩等级。为了使管理者

和员工评价定级既有效率，又满足公平原则，建议采用部门内评价以及公司内同级排队的方法等，提出每一个员工的业绩等级方案，之后由高管团队或人力资源委员会民主评议，并最终确认每一个员工的业绩等级。

3. 决定等级系数并计算奖金

等级系数是对应业绩等级的奖金系数，是计算奖金的核心变量。企业可以根据领导意志或高层协商决定等级系数的数值。比如，我们可以把A、B、C、D、E五个等级的等级系数定为1.5、1.2、1.0、0.7、0.0，也可以适当调高或调低系数的大小。

有了这个等级系数的数值，就可以计算每一个人的年终奖金了，公式如下。

某员工年终奖金 = 某员工月工资 × 平均奖金月数 × 评价等级系数。

以上做法十分简单、高效和公平，而且可持续。这个做法与稻盛和夫老先生倡导的“实现蓄水池式经营”的思想是一致的。

第五章

管理指标与绩效改善

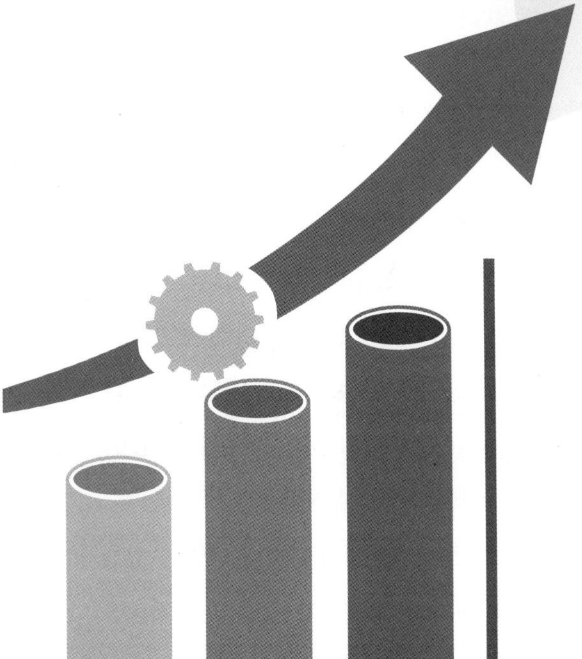

案例

某五金小企业“两年”转亏为盈

1. 经营中的问题

某五金加工小企业成立于20世纪90年代，曾经有过轻松赚钱的好时期，最多一年盈利600余万元，销售额不过3000多万元。自2008年金融风暴之后，赚钱的好日子渐行渐远，不仅规模停滞不前，销售额始终没有越过4000万元这个坎，利润率却急剧下降。2011年首次出现亏损，2012年亏损额增大。

因为企业经营越来越难，老总变得烦躁不安，越来越没有耐心。面对管理中的种种不如意，老总经常抱怨管理者和员工不尽力。管理者和员工变得无所适从，特别是担当生产部门管理职位的经理们变得越来越不稳定。问题何在？如何是好？

针对亏损问题，我方顾问和客户中高层做了交流，他们从不同角度给予了回答。

老板：团队不争气，各种浪费严重，客户还压价，所以赚不到钱。

财务：许多订单单价太低，做得多亏得多，所以对订单报价实施了管控。

销售：多数时候我们报价总是比别人高，有批量的订单都不给我们做。有时候客户也会给些大订单，但不敢接，接了又怕生产做不出来（突然增量十有八九是做不出来的）。

生产：品种多，批量小，压铸机每天要换几个品种，实在做不出来……

把他们的话串起来理解就是一个恶性循环。怎么办？

我们根据盈利能力分析得出两个结论。

◇增加销售，做大规模（开源）是这家企业走出恶性循环的唯一出路。

◇要摒弃所有阻碍规模增长的惯性思维，特别是以传统思维对外报价甚至扛价的错误思维和做法。

也就是说，让财务来核准对外报价是错误的。原因很简单，这家公司销售额在3000多万元徘徊多年，依据这个金额来核准产品对外报价，势必会比其他公司以更高金额为基数核算出来的价格高出许多。以至于客户慢慢地把批量大的订单转走，留下的都是一些批量很小的订单。

可见，这家企业的决策者们犯了一个严重的战略性错误，由于受传统报价逻辑误导，在一个单价9元数量10万个的订单与一个单价10元数量2千个的订单之间，不知不觉间忘记了订单数量可能是一个更要紧的变量，而一味在单价上坚持。做得多亏得多的说法是站不住脚的。

在我们的共同努力下，实现了如下几方面的提升。

◇ 2013 年销售额比上年略有增长，2014 年销售额突破 6000 万元，实现了规模跨越。

◇公司经营扭亏为盈，2013 年基本持平，2014 年盈利近 400 万元。

◇由于订单批量增加许多，加上精益改善，人均产出提高 30% 以上。

2．利润提升工程的三个步骤

第一步：盈利能力分析与发展战略规划

进行盈利能力分析和发展战略规划，并对至今为止因为报价没有达成交易的重点客户和产品进行梳理，确认针对重点客户的重点销售策略（降价等）措施。

与此同时，从稳定团队和保障现有订单按时交货出发，对生产现场的管理秩序进行（整理、整顿、清扫和布局调整）改善，以稳住公司发展的基本盘（既有 3600 万元左右的销售），并对员工解说未来发展的愿景、目标和战略措施，增加他们的信心。

第二步：销售突破和持续改善

内部，通过消除生产流程中的浪费，提高生产效率，缩短生产周期，提高准时交货水平；

外部，由老总带领销售经理前往欧美拜访主要大客户，解说公司发展愿景和目标，并就过去没有达成交易的产品或订单进行坦诚交流，表明希望以较低价格获得更多订单。

拜访的结果非常令人满意，许多大客户表示愿意转回部分订单，即使单价比其他对手高些许也可以。据说，大客户对公司重质量的传统相当认可。

从 2013 年年末订单开始增加，2014 年订单几乎翻番……

第三步：为提升经营利润持续改善

继续落实规模增长战略，并配套推动精益改善活动，持续提升企业经营利润水平。

第一节 企业综合绩效目标

一、如何评价制造企业的绩效

一般来说，制造型企业通常把“生产力”作为企业经营的绩效目标。因此，**定义企业综合绩效目标必须基于“生产力提升”这个基本思想。**

生产力主要包括如图 5-1 所示的 7 个方面的竞争力。

$$生产力=\frac{产出}{投入}$$

- 产品（外部需求）
  - 在品质保障方面提高竞争力
  - 在数量保障方面提高竞争力
  - 在交货保障方面提高竞争力
  - 在售价定位方面提高竞争力
- 生产（内部目标）
  - 在变动成本方面提高竞争力
  - 在设计技术方面提高竞争力
  - 在固定成本方面提高竞争力

图 5-1　生产力的 7 个竞争力

提高生产力就是要以最有效（少）的投入持续满足外部需求的过程。由于外部需求通常是永无止境的，所以要持续满足外部需求，就必须进行持续不断的内部革新改善活动。只有这样，才能够打造持续赢利的企业体质，具体包括以下方面的竞争力。

1. 品质保障方面的竞争力

品质保障方面的竞争力不能满足于客户没有投诉，而应该设法让客户在购买之后觉得买得好、买得值，即与价格相比，在性能、功能、外观等方面都有超一流的表现。

2. 数量保障方面的竞争力

随着客户需求的个性化发展，订单越来越显现出其不确定性，小批量多品种的趋势日益明显。这就要求企业具备针对客户的不同需求提高生产能力 (Capacity) 和弹性对应能力（Flexibility）。

3. 交货保障方面的竞争力

对客户来说，交期短和严守交期约定很重要。JIT（Just in time）同期化生产和供货期缩短成为提升竞争力的追求方向。

4．售价决定方面的竞争力

通过提高产品性价比，累积良好的客户口碑等方法，提高决定产品售价方面的话语权。在产品同质化的今天，人们也经常采用压低价格的形式来获得价格竞争优势。但是，**一味的打价格战是需要谨慎对待的。**

5．变动成本方面的竞争力

劳动力成本及材料成本一般在售价中占有较高的份额，属于变动成本。其竞争力的提高，主要依靠提高劳动效率和材料利用率来实现。当然也不排除在原辅材料采购价格上有所追求。

6．设计技术方面的竞争力

企业产品的性能、品质、成本竞争力很大程度上是由企业的设计、技术能力决定的。优秀的设计技术能力可以在保障性能和品质的同时，使材料成本和加工成本降低。

7．固定成本和隐性成本方面的竞争力

人们经常误以为，降低成本的主攻方向是变动成本，即把关注的焦点锁定为零部件采购单价和劳动力单价。其实，固定成本和隐性成本才是大量吞噬企业利润的元凶，比如厂房设备折旧费用、流程损失、库存占用资金、各种失败成本等。

二、如何定义企业综合绩效目标

定义企业综合绩效目标是一件十分重要的工作，目的是为了统一全员的意志，让整个企业围绕着综合绩效目标开展工作。

定义综合绩效目标的步骤。

◇第一步：罗列主要的管理指标和目标值；
◇第二步：决定企业综合绩效目标。

1. 罗列主要的管理指标和目标值

把体现企业重要目标的 1 个或 2 个以上指标和目标值用数值具体罗列出来。罗列的依据是构成利润的几个关键要素以及 QCDSM 数值。表 5-1 就是某企业罗列出来的主要指标和目标值。

表 5-1 某企业主要指标和目标值

序号	指 标	目标值
1	利润额	提高 30%
2	销售额	提高 30%
3	材料成本	降低 3%
4	费用成本	降低 5%
5	战略支出	提高 20%
6	不良率	降低 50%

2. 决定企业综合目标

公司决策层采用背靠背打分规则对各项目进行打分，然后由方针目标推进部门人员统计各项目合计得分情况，得分最高的项目就可以被定义为企业综合绩效目标项目。得分最高项目可能不是唯一时，由公司最高管理者裁决确定公司本年度方针目标管理综合目标。表 5-2 是某企业打分结果。

表 5-2　某企业背靠背打分的结果

◇打分标准：最重要 20 分；重要 10 分；一般 5 分								
目标项目	07 年现状	08 年目标	公司决策层共 5 人					总分
			A	B	C	D	E	
销售额	…	…	20	15	20	15	15	85
利润额	…	…	20	20	20	20	15	95
材料成本	…	…	15	15	20	15	15	80
费用成本	…	…	10	20	20	10	20	80
战略支出	…	…	10	20	20	20	10	80
不良率	…	…	5	10	10	10	10	45

上述背靠背打分的结果，利润项目得 95 分最高，报总经理确认后确定为企业综合绩效目标。

也许有人会说，这样的打分意义不大，人们都清楚什么是企业最关键的综合绩效目标。但是，优秀的经营者应该明白，通过这种背靠背打分的办法，重要意义在于可以促进经营层成员关注公司经营，积极参与到整个经营决策过程中去，便于形成核心团队共识，步调一致。

大多数情况下人们会选择利润作为综合目标，但不是绝对的，比如军工企业就可能有其他选项作为综合绩效目标。

三、企业关键绩效目标群

决定了企业综合绩效目标之后，其他几个重要绩效目标则可以构成企业关键绩效目标群或者是重要的战略方向，如图5-2所示。

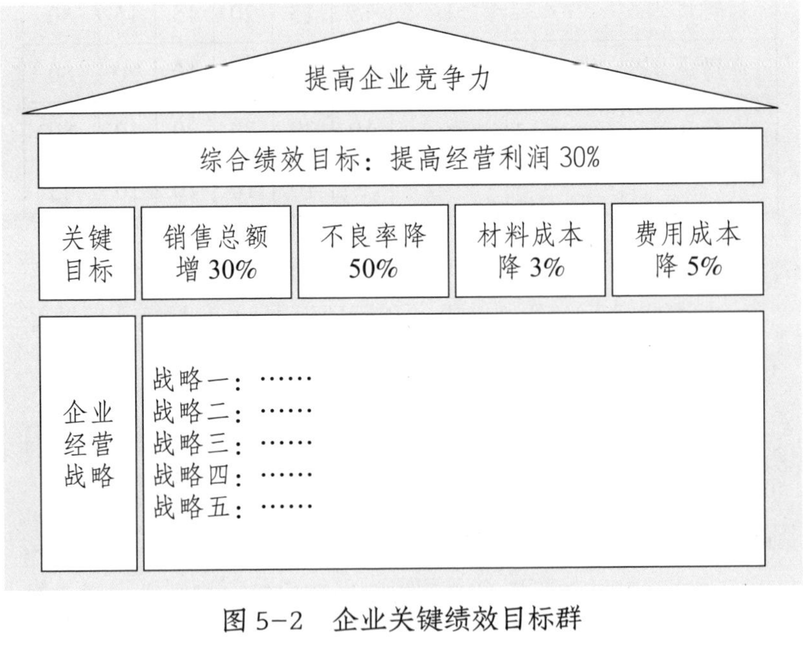

图5-2　企业关键绩效目标群

第二节 企业绩效目标的分解

一、企业绩效目标的分类

1. 企业绩效目标的分类

如表 5–3 所示。

表 5–3　绩效目标的分类

类别		基本属性
按目标层次分	战略目标	企业高层目标，它是决定企业未来走向的经营性目标
	战术目标	企业中层目标，是为实现企业战略目标而设置的具体管理目标
	作战目标	企业基层目标，是为实现部门战术目标而设置的解决问题的目标
按目标时期分	长期目标	企业长远的规划和方向
	中期目标	3–5 年期望达到的程度
	近期目标	年度或半年度经营目标

续表

类别		基本属性
按业务属性分	业务目标	针对工作内容设定的目标
	培养目标	员工提升的目标
按职能层次分	职务目标	岗位基本职责目标
	改善目标	改善提升项目目标

2. 绩效目标的纵向展开

绩效目标的纵向展开可以借助如图 5-3 所示的系统图工具来完成，这个工具也叫作逻辑树分解法。

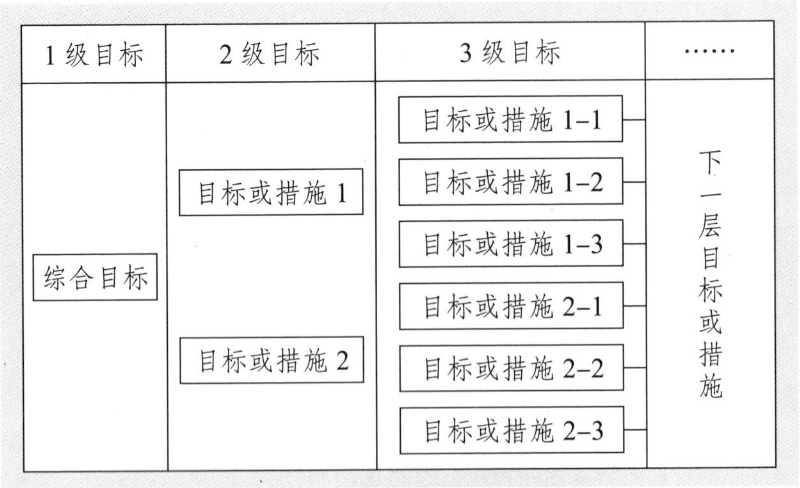

图 5-3　目标纵向分解示意图

上一层的目标，可以分解为几种分目标或手段，这些分目标或手段又可以作为下一层的分目标或手段。如此层层展开，就形成了层级目标或手段体系。有效地目标分解，通常要求达到最终能够与员工的具体行动（手段）相连接的程度。

某跨国公司的层别目标体系如图 5-4 所示。

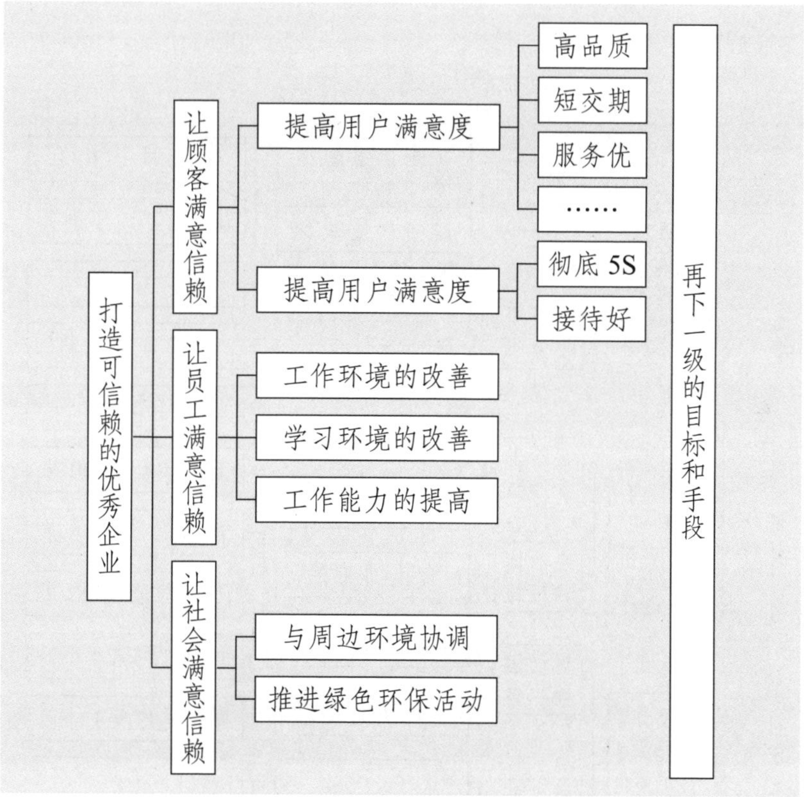

图 5-4　某跨国公司的层别目标体系

以上纵向目标体系，只列出了前面的几个层次，实际上目标要落实到执行者身上，还需要进一步细化。比如，为了达成

“高品质”目标，在具体明确品质标准的基础上，从物料供应、品质检查、生产制造、技术支持等各个方面出发，深入细化下一层次的具体目标。

不同的综合目标，其展开的结果是不一样的。为了便于读者更简单地理解目标分解的过程，我们可以用一个身边的例子进行分析。图 5-5 就是一个达成减肥瘦身目标的逻辑树分解图。

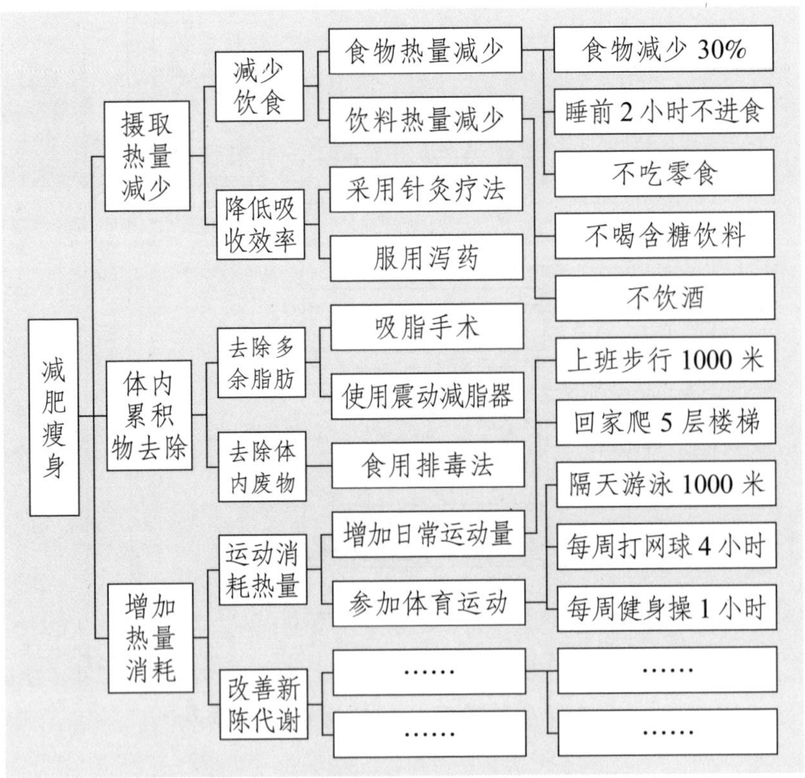

图 5-5　减肥瘦身的逻辑树分解图

一般地，逻辑树分解到第五级的时候，通常都能够做到与具体的行动相连接的程度。当然，有些项目分解到三级或四级就已经落实到行动上了。

3. 目标展开方法的类型

目标展开通常有两种，一种是逐级细化和分解型的，另一种是职能分担型的。如图 5-6 所示。

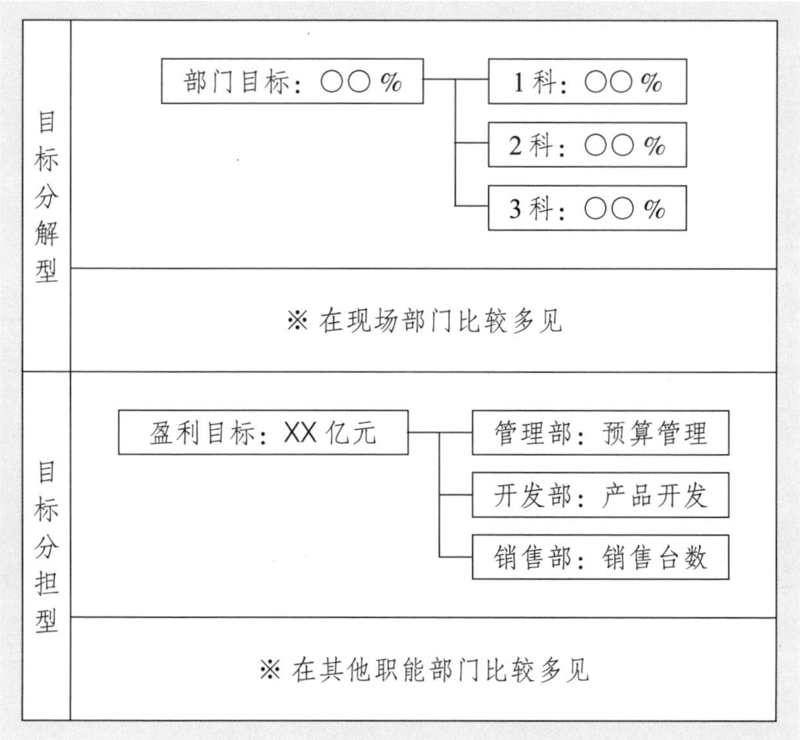

图 5-6 目标展开的两种类型

目标分解型在现场部门比较多见，比如生产部门的生产效率、物流部门的物料账物不符率等。

这类目标的主要特征。

◇上下层目标之间的关联性好，保障性比较好。

◇上下层之间的措施、方法雷同，需要上下层之间共同研究最好的措施和方法。

目标分担型在不同职能部门之间比较多见，主要特征如下。

◇由于是不同部门完成上一层级某一个综合目标，因此每一个部门有必要认真思考自己部门的工作与上层目标完成之间的关系。

◇不同部门必须找到适合自己部门的达成上层目标的措施和方法。

二、对上级目标贡献率的计算

公司或部门目标需要具体展开，展开之后各分项目标对上级目标的贡献率需要进行计算。计算方法一般有如下三种情况。

1. 单纯的和的关系

上级目标等于数个下级目标之和，如“省人化”目标等就可以按此方法计算。如图 5-7 所示。

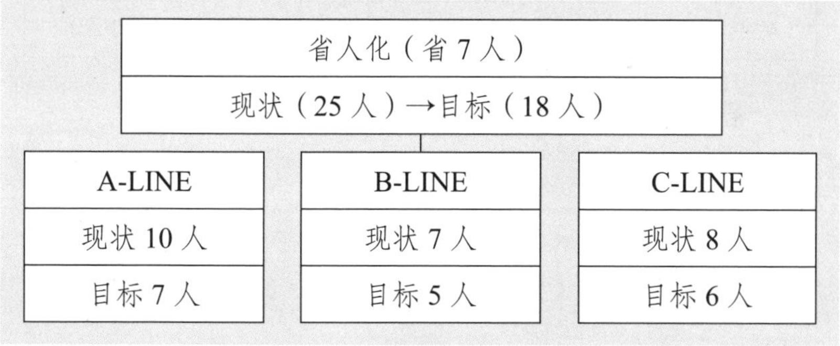

图 5-7　单纯的和的关系

2. 权重加和的关系

上级目标等于下级目标权重值之和的情况，如“产品不良率降低”等就可按此方法计算（设权重值 A:B:C=0.5:0.2:0.3）。如图 5-8 所示。

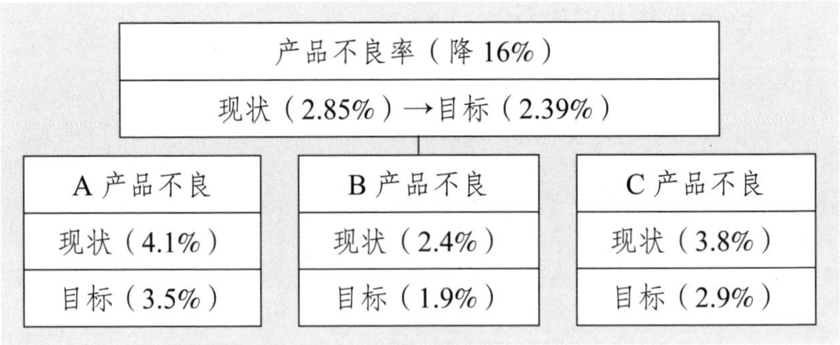

图 5-8　权重加和的关系

3. 相乘的关系

上级目标等于下级目标的乘积，如“设备综合效率的提高”等可以按如下方法计算。如图 5-9 所示。

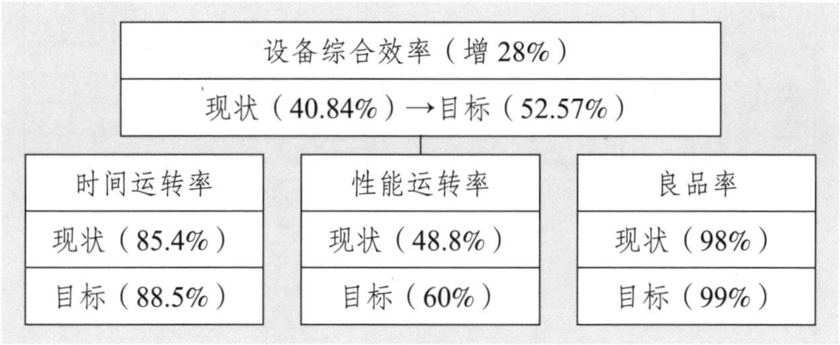

图 5-9 相乘的关系

三、绩效目标施工图的制作

1. 综合绩效目标的逐级分解

确定了企业综合（一级）绩效目标之后，接下来就需要对综合绩效目标进行逐级分解。假定某企业的综合（一级）目标被确认为经营利润，其目标的分解过程如表 5-4 所示。

表 5-4 综合目标逐级分解的过程

分解和目标级次		上级目标	下级目标	责任
一次分解	获得 2 级目标	经营利润	销售额	销售部
			综合成本	工厂
二次分解	获得 3 级目标	综合成本	采购成本	采购部
			生产效率	制造部
			失败成本	品质部
			能源消耗	行政部
三次分解	获得 4 级目标	能源消耗	用电费用	动力组
			用水费用	动力组
			用气费用	动力组
四次分解	获得 5 级目标	用水费用	一厂循环水费	张三
			二厂循环水费	李四
			厂区生活用水	王五

一般地，一级目标经过三到四次分解之后，就可以落实到现场的具体工作或改善措施上。也就是说，企业目标经过逐级分解最终会落实到一线员工身上。值得注意的是，把目标分解到个人身上，目的不是为了对员工实施更加精准的考核，而是要鼓励并指导员工为达成目标积极改善，让员工了解自己的改善对公司经营的贡献，体会成就感。

2. 绩效目标施工图的制作

图 5-10 就是目标分解的一个实际例子。

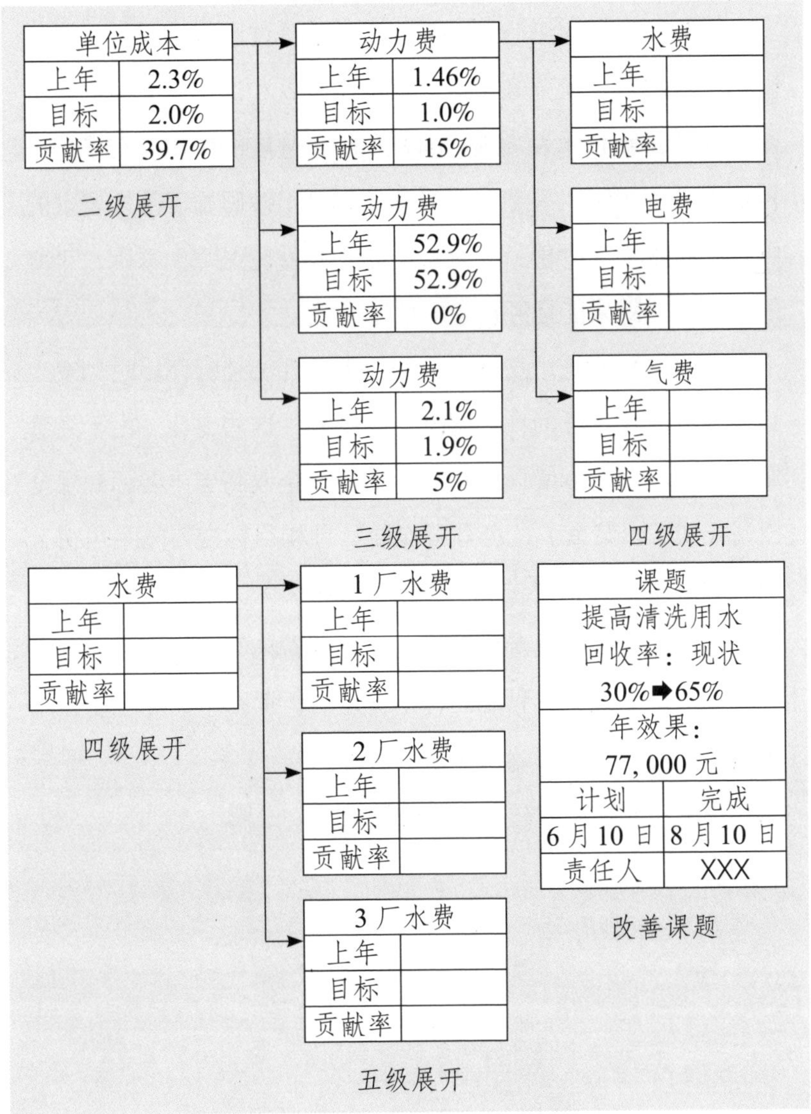

图 5-10　目标展开的例子

3. 绩效目标施工图

将公司目标逐级分解，并最终与改善课题联结起来，我们就可以获得目标展开施工图。此施工图就和建筑工程中的施工图一样，起到具体表述施工内容和施工进度的作用。有了这个目标展开施工图，只要各级管理者和员工按照施工图中要求的内容和时限完成改善，那么公司的利润就有保障。否则，年度的利润目标就只能是经营者的期望而已。

需要说明的是，高度竞争条件下内外部经营环境时刻发生着快速的变化，任何计划都有可能受制于这些变化。由于经营环境生变，有可能使计划和目标落空，企业高层不要因此求全责备（**扣工资奖金**）；也有可能让计划和目标变得唾手可得，企业高层也不要因此过度兴奋（**大奖特奖**）。企业高层更需要关注的是，各级管理者和员工是不是朝着施工图指引的方向主动积极地做了改善。只要回答是肯定的，那么企业高层应该感到欣慰，否则，再好的结果也不值得骄傲。

谋事在人，成事在天，讲的就是这个道理。

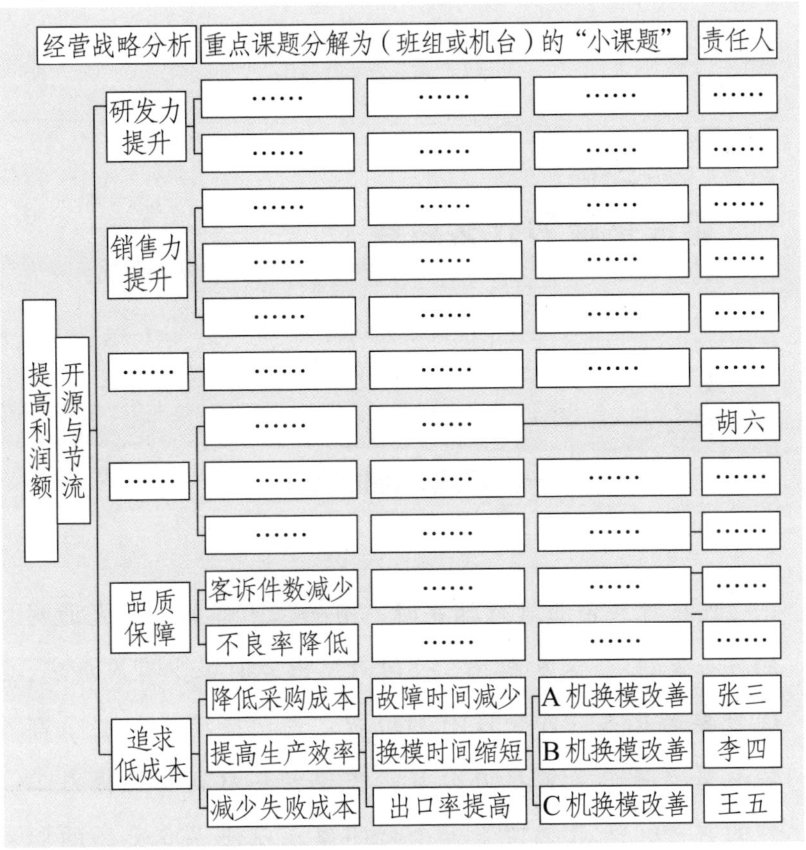

图 5-11　绩效目标展开施工图

第三节 管理指标为什么重要

一、管理指标的重要性

我在对某企业进行辅导时，有一位干部指着灯火通明的办公室说："老师您看，公司老总出差时很少有人加班，但只要老总在，即使没有加班费，部门经理及一些干部们有事没事也会留在办公室，希望老总看到自己努力工作的样子，给老总留下一个好印象，以便谋取更高的职位和薪水！"

在国内许多企业，或多或少地存在类似现象，原因在于这些企业的管理不到位，没有定义衡量工作好坏的目标和指标，公司老总只能凭感觉来评价部门管理者的态度和业绩。

对一个企业来说，明确各个部门及管理者的"管理指标"是进行客观评价的基础，通过管理指标的变化（**推移图**）来对管理者和员工进行客观的评价。

有一回在一家企业和管理者交流的时候，说到管理指标的重要性时，许多人似懂非懂，仓库主管刘先生不太理解，我与刘主管之间进行了下面的对话。

笔　者：刘先生，目前仓库管理情况怎么样？

刘主管：感觉还好，大家每天工作都很努力，只要我在，没有人敢偷懒。我们的目标是把仓库管好，管到位。

笔　者：很好，看来你对下属的要求还挺严的。不过，你认为现在与一年前相比，大家的工作效率、工作质量是提高了，还是降低了？

刘主管：应该是提高了吧！老师您刚才也看到了，整个仓库都快爆棚了，工作量比以前大多了。

笔　者：如果是这样的话，太好了。那有没有什么具体数据支持你的说法？

刘主管：不清楚老师具体要什么样的数据？

笔　者："账物不符率""仓库原因停产时间、次数"等数据的变化情况，有了这些就可以判断工作质量是否提高了。

刘主管：这些数据没有记录和管理。

笔　者：是吗？那有没有数据说明工作效率提高了呢？请问一年前的仓库有多少人？平均每天进出的货柜数（物流量）是多少？

刘主管：（查阅资料简单计算后）一年前工作人员有20人，平均每天出货8个货柜。

笔　者：上个月这两个数据分别是多少？

刘主管：工作人员 26 人，平均每天要出 10 个货柜。

笔　者：8 个货柜 20 个人，10 个货柜要 26 人？哪个效率高一些？

刘主管：嗯、这个，是呀，这样算起来工作效率反而降低了。以前从来没有去算过，只是感觉物料进出比以前增加了许多，几个班组都喊人手不足，要求加人，我看到大家都很忙，又没有足够的理由拒绝，所以就申请招人了。

笔　者：你知道为什么没有足够的理由拒绝部门或下属的招人申请吗？

刘主管：我知道了，没有建立管理指标及跟踪管理指标的推移情况。

笔　者：是的，必须建立一套管理指标体系才行。通过设定管理指标，并学会用推移图跟进管理指标，就能很好地了解一项工作前后的变化状况，判定工作质量、工作效率是提高了还是降低了，是否需要招人等。

管理指标就是用来客观评价管理工作好坏的一个参数。

比如，由检查部门获得的“终检批量合格率”就可以客观反映生产部门的品质制造能力，即用来评价生产部门品质管理工作的好坏。因此，对于控制工序内品质这项管理工作来说，批量合格率就是一个生产部门应该进行管理的指标，即管理指标。

再如，对于仓库部门的管理工作，账物不符率（账面上的记录数据与实物数量不相符合的比例，账物不符率 = 盘盈和盘亏绝对值相加 / 账面值 ×100%）就是用来评价仓储工作好坏的重要指标之一。

图 5-12 是仓库管理指标之一的账物不符率的推移图，图 5-13 是生产部门生产效率推移图。从图中可以看出，两个管理指标都在不断向好的方向变化，可以说，管理工作是有效的。

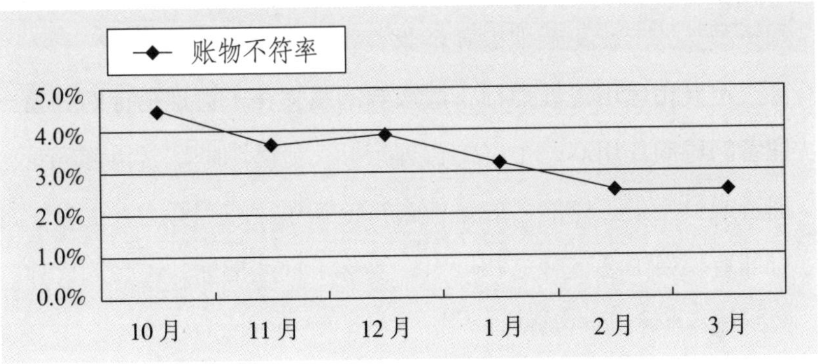

图 5-12　仓管部门账物不符率推移图

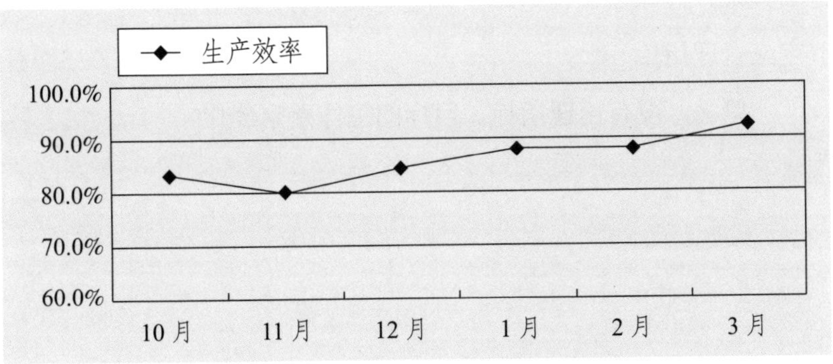

图 5-13　制造部生产效率推移图

只有明确各部门的管理指标，干部们才不会只为“上司”工作，而是为“管理指标”工作。这样，各级管理者们无须为了给老总和上级做样子而费尽心机，使管理指标向好才是需要努力和全力以赴的事情。这必将使那些没有能力、只知做表面文章的管理者知难而退，而那些脚踏实地、有能力和善于改善的管理者能心情愉快地工作，为企业创造出更大的效益。同时，作为老总、上司也无须特别担心下属是否会出工不出力，能将此前消耗于监督的大量时间及精力用于为管理者提供辅导服务和资源支持上，不断地提高企业管理水平。

定义和运用管理指标，最重要的意义在于管理指标对被管理者的导向作用。一个好的管理指标，能够明晰地告诉部门管理者或员工：工作的目的是什么？该朝哪个方向努力？而且，管理者和员工通过努力和付出，改善了管理指标，还会因此体会到工作和改善的成就感。

在管理实践中，要崇尚实干，反对空谈。但是，许许多多的企业和管理者的管理工作却往往停留在“口号”上，无法落到实处，其原因在于他们不知道管理指标的重要性，或者不会定义管理指标。

总之，**没有管理指标、目标的工作是空谈！**

二、结果型和过程型管理指标

管理指标按流程时间区分，可以分为“过程型”及“结果型”两类。过程型管理指标用来衡量工作量或工作进度，结果型管理指标则用来衡量工作结果，两者之间相互关联。

过程型指标例如：员工培训的课时数，反映的是员工培训这一件事情的过程；结果型指标例如：中级技术资格考试合格率等，反映的是员工培训的结果。

当我们为了达成某一个工作结果，如果事先能够明确定义达成目标具体过程的时候，可以同时设定结果型和过程型两个管理指标。这样做可以更有效地保障目标的达成。

当我们实在不能明确定义工作结果的时候，也可以只定义过程型管理指标，来确保工作本身的落实。比如，与其定义“有效培训人次比例”或“员工培训满意率”这样不明确的结果型管理指标，就不如定义“员工培训课时数或学分数”等一类的过程型管理指标。

在评价一项工作时，应尽可能使用客观的、可衡量的量化管理指标。道理很简单，如果下属的管理指标定义为“提升员工意识”的话，这是无法评价的，因为什么是“提升了意识”？无从衡量，更谈不上判断是否将意识提高了30%。反之，如果采用“员工人均提案件数”“员工改善参与率”作为管理指标的话，目标是一年内提高 50%，这是十分容易把握的。这样的管理指标既客观，又容易衡量，便于评价。

三、如何决定重点课题与管理指标

如果工作没有目标，那么就会助长懒惰。

管理目标，就是期望通过付出努力和智慧使某项工作的管理指标达到的一个更好的程度。管理目标是与重点课题、管理指标密切相关。决定管理目标，首先需要清楚：重点课题是什么？衡量重点课题好坏的管理指标是什么？也就是说，首先要清楚重点课题是什么，即界定重要的和急迫的工作，或者一些并不紧迫但需要未雨绸缪的关键工作。**定义重点课题，可以从更高一层目标以及领导的期望来决定，也可以依据市场、内外部客户的需求以及竞争对手的变化来决定。**重点课题一旦确定，接下来就应该明确用什么参数来评价此项工作的好坏，即：管理指标是什么？然后收集相关的数据、资料，对目前的状况进行分析，把握住问题所在，并根据自身能力、内外环境的要求决定出希望达成的管理目标，最后做出计划，并按计划展开工作。

定义重点课题、管理指标和管理目标的一般程序如图 5-14 所示。

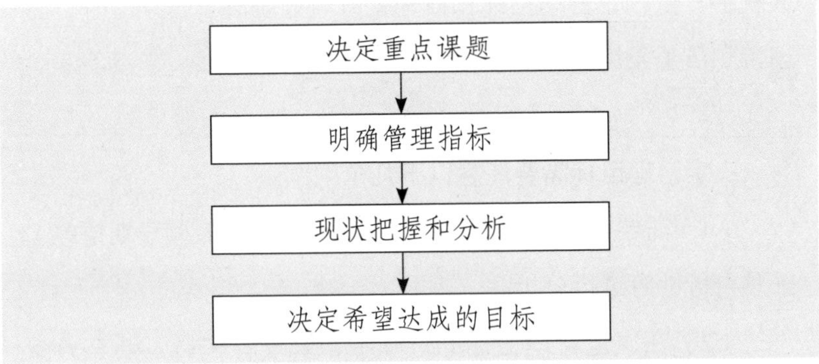

图 5-14　决定重点课题、管理指标、目标的程序

企业的部分重点课题、管理指标、现状和目标之间的关系如表 5-5 所示。

表 5-5　重点课题与管理指标、目标之间的关系

重点课题	管理指标	现状	半年目标
降低不良成本	不良损耗金额	12 万元 / 月均	减少 30%
提高生产效率	人均产能	50 个 / 小时	提高 20%
提高设备效率	设备停线时间	8.5 小时 / 月	减少 50%
提高在库精度	账物不符率	3%	降低到 2%
提高包装效率	日均包装数量	2800 个 / 日	提高 30%
提高员工参与率	月提案参与率	50%	提高到 80%

一个好的管理指标和目标，有利于管理者和员工自主检视自己工作中的不足，有利于管理者和员工自我加压，并且体会

成就感。否则，管理指标和目标就有可能游离于管理之外，管理者和员工无视目标的存在，我行我素。

决定管理目标需要注意以下几个问题。

（1）需要对管理现状、内外部需求（客户及领导期望等）以及可行性等进行分析。

（2）在决定管理目标的过程中，管理者和员工要充分参与，上下级之间要进行充分的沟通。

（3）对目标达成状况的评价考核，要以不伤害管理者和员工积极性为前提。

在很多时候，不适当的评价考核制度，不仅不能提高管理者和员工的积极性，还有可能严重挫伤他们付出努力和付出智慧的意愿。比如，年初某部门生产效率提升目标设定为 30%，而年底发现生产效率只提升了 28%，低于目标值，部门管理者不能获得约定的评价和奖励。这样做的后果是十分严重的，这位管理者不但不能从 28% 的提升中获得成就感，而且他开始学会消极对待新年度的目标设定工作，与上一级领导讨价还价，设法让上司相信和接受一个较低的目标值，最终让管理者和团队失去挑战的激情。

因此，定义管理指标和目标主要不是为了绩效考核，而是为管理者和员工自我加压和提供正确的导向。目标是否达成不仅依靠考核，更要靠管理者和员工的改善行动和更高一层管理者的绩效跟进辅导。

四、容易被忽视的改善类管理指标

许多企业经营管理者往往只关注任务目标，其工作日程被大量的日常事务和冗长的会议所占用，因而忽视了改善目标。大量的管理现实告诉我们，改善类管理指标很容易被管理者忽视，原因是管理者太忙的缘故，没有时间。为了改变这种状况，我们有必要正确认识任务类和改善类管理指标。

任务类管理指标，主要是指那些用来评价企业经营和生产任务所设定的部分指标。比如，销售额、产品开发数量、生产产值、设备安装台数、厂房竣工计划等。

改善类管理指标，主要是指那些用来评价企业经营能力和管理水平高低的部分指标。比如，生产效率、库存周转天数、生产周期、员工改善参与率、失败成本、客户投诉件数、批量合格率等。

优秀的管理者应该将关注的焦点和更多的精力投放在改善类管理指标和目标上。

五、摒弃粗放式管理模式

提高经营绩效，说到底就是使产出投入比最大化。

经营绩效的财务表现不仅体现在经营规模的增长上，更应该体现在经营管理的效益上。当生产量增长了一倍的时候，如果所有投入也增长了一倍甚至更多的话，管理的意义何在？

现实的问题可能更严重，当产量增加的时候，无人去理会其他管理指标的恶化，如：库存增加、劳动生产率降低、不合格率上升、延迟交货次数增加、安全事故增加、设备故障时间增加等问题大面积出现，所有这些都将增大企业成本，使得企业经营效益受损。长期下去，各种不利于企业发展的因素出现，必将妨碍企业的发展。有的企业去年还在开庆功会，今年就宣布企业经营困难，要大量裁员，甚至濒临破产的边缘。

许多企业经常遇到的困境，是在规模不断做大的过程中，企业的“体质”却越来越虚弱。

永续经营靠苦练内功，必须更多地着眼于提升改善类管理指标，并且努力使这些管理指标持续向好的方向发展。在这方面，丰田、三星、理光等企业应该成为我们学习的榜样，摒弃粗放式发展模式，走精益化管理的道路。

第四节 如何正确定义管理指标

小故事：听话的猫

主人规定大花猫每天必须捉到一只老鼠，若完成了任务就奖励一条炸鱼（奖），若完不成任务就要饿肚子（罚）。

大花猫想："主人的条件实在苛刻，每天都捉住一只，哪有那么多老鼠可捉？"又一想："主人也算大方，捉到一只就奖励一条鱼，那炸鱼的味道可比老鼠好得多。"于是猫为了吃到炸鱼动起了脑筋。

傍晚，他真捉到了一只老鼠，他和蔼地对老鼠说："不要怕，我不吃你，请你每天这个时候出来，我叼着你到主人面前遛一圈，你就会分到一块香喷喷的炸鱼。"于是，老鼠每天都会配合猫演这出戏，他们每天都能得到炸鱼。

聪明的读者，你可以尝试指出主人（管理者）在管理中的若干错误。

答案请参考下文。

一、管理指标设定的三要素

好的管理指标存在的意义不仅在于能够对工作进行评价，更重要的是它对员工的工作起着积极的导向作用。错误的管理指标会带来极其负面的影响，有时候比没有指标的情况更糟糕。有些管理者抱怨，自己导入 KPI 绩效评价系统之后，问题变得更加复杂了，自己对管理也开始犯糊涂了，原因也在于此。

因此，正确定义管理指标是一项专业性很强的工作，也是管理者最重要的工作之一。需要每一个管理者认真学习正确定义管理指标的思想和方法，与人力资源部门一起，以专业的精神进行研究，协商决定。

一个好的管理指标，应该同时具备以下三大要素，缺一不可。

1. 管理指标指向管理重点

企业或部门定义管理指标，一定要考虑管理指标的指向，要学会关注和定义那些与管理重点息息相关的管理指标。比如：理光深圳公司的员工出勤率非常高，每月都在 99.8% 以上，员工轻伤不下火线（感冒等小毛病都不请假）。面对这样的局面，很显然提高员工出勤率并不是管理的重点。因此，定义和管理员工出勤率这样一个管理指标，意义不大。

随着时间的推移，企业或部门管理重点也会发生变化。比如：10 年前员工招聘十分简单，定义招聘周期指标没有什么意义。而现在企业需要面对劳务工不足的时候，把招聘周期定义为管理指标就开始显现出其重要的导向价值了。

2. 可量化，而且数据来源客观可靠

管理指标一定是可量化的，否则就一定不是好的管理指标。而且还要考虑，是否可以获得客观可靠的数据。

比如：要确认客户是否满意，通过客户满意度调查所获得的数据看起来不错，但它不如客户投诉件数来得客观。那为什么还要进行满意度调查呢？原因不外乎两个方面，一方面表明对客户态度的重视，另一方面是希望从客户那里得到一些建设性的意见或建议。

3. 管理指标导向性好

导向性好，是指管理指标能够引导管理者和员工的意识和行动向好，并通过他们的努力和改善，使得管理指标不断向好。

特别需要注意的是，有些指标看上去导向性很好，但是由于忽视了人性的弱点，其导向作用就会大打折扣。比如：为了降低对外招待的花费，规定每次请客不得超过 1000 元。某些人并不是在减少每次花费上下功夫，而是把一次的招待费用分两次进行报销。在定义管理指标的时候，一定要考虑人们是否

会从不好的方向上利用它，即所谓的“上有政策，下有对策”。我坚持认为：当发现有“上有政策，下有对策”的情况发生时，与其埋怨下属的恶意利用，还不如研究更好的政策。

二、客户期望倒推法

1. 如何定义公司级管理指标

利用客户（包括内外部客户）期望倒推法来定义管理指标的步骤如下。

（1）写出公司的客户（如客户、公众、股东、员工等）

（2）写出他们的期望，如：质量稳定、成本低、交货及时、收益良好、受人尊敬（美誉度）

（3）尝试用量化的管理指标来衡量这些期望

（4）确认这些管理指标的导向性是否正确

（5）定义这些管理指标的计算方法和数据来源

（6）确定为这些管理指标承担责任的部门

表 5-6 是某企业部分关键管理指标的一个范例。

表 5-6 某企业部分关键管理指标

管理指标		数据来源	责任部门
质量	客户投诉件数	统计数据	品质部门
	客户索赔金额	同上	品质部门
效益	销售额	同上	销售部门
	利润率	同上	经营部门
交货期	计划或订单完成率	同上	生管部门
	交货迟延率	同上	同上
美誉度	受尊敬企业排名	公众调查	公关部门
	环保形象排名	公众调查	环管部门

以上诸条只是一个案例，内容不是一成不变的。企业的规模不同以及行业不同可能会有不同的表述。

2. 如何定义部门级管理指标

（1）写出部门的内外部客户（客户、领导、后工序等）

（2）写出他们的期望，如产品质量、效率、成本等

（3）尝试用量化的管理指标来衡量这些期望

（4）确认这些管理指标的导向性是否正确

（5）定义这些管理指标的计算方法和数据来源

（6）加上公司下达（即上一级给予）的管理指标

现在来看一下采购部门的管理指标。采购部门的内部客户

主要是生产部门、检查部门、公司高层等。首先，生产和检查部门的期望显然是：来料质量好、来料及时；其次，公司高层的期望：价格低、购买量少。基于这些考虑，可以列出采购部门的管理指标，如表 5-7 所示。

表 5-7　采购部门主要管理指标

管理指标		数据来源	责任人
管理指标	来料批量合格率	统计数据	/
	采购成本降低	同上	/
管理指标	来料交货迟延率	同上	/
	库存周转天数	同上	/

以上诸条可能只是采购部门的部分管理指标，不一定是采购部门管理指标的全部。

三、QCDSM 罗列法

这是一种简便实用的管理指标定义法，Q 是品质，C 是成本，D 是交付，S 是安全，M 是士气。只要用心推敲各个部门的 QCDSM，就可以找到适当的管理指标。这里所说的 QCDSM 需要从广义的角度来理解，不能仅仅局限在产品或服务的层面上。

这是对 QCDSM 认识的一次突破，有了这个突破，问题就变得简单了，管理者再也不用争论，Q 一定是品质部门和生产部门的事情。其实任何一个部门都有关于品质的概念，只是具体的表现形式不同而已。品质部门的工作品质表现为客户投诉件数，制造部门的工作品质表现为终检批量合格率，而采购部门的工作品质表现为来料批量合格率等，其他部门以此类推。

下面以实例来列举几个有代表性的部门的管理指标。

表 5-8 是品质部门（含最终检查部门）的管理指标。

表 5-8　品质部门管理指标

	管理指标	定义和数据来源	目标
Q	客户投诉件数	市场反馈数据统计	↓
C	客户索赔金额	统计数字	↓
	检查成本	检查人数 / 生产人数 ×100%	↓
D	检查周期	为检查所占用或预留的时间	↓
S	品质事故次数	统计数字	↓
M	人均提案件数	当月改善提案件数 / 部门人数	↑

以上只是最有代表性的管理指标，企业不同还可能定义出其他管理指标来，就看有没有值得关注的内容。比如，有些企业检查道具损耗严重，就可以定义一项“检查道具损耗金额”。又比如，有些企业需要经常按批量送外检查，因此为此支付的费用值得关注就可以定义“送检费用”等。

四、定义管理指标的四大误区

没有管理指标的管理是空谈。但更多的情况是，在定义和使用管理指标时，存在着诸多的误区，误导管理活动，需要引起我们高度重视。

常见的误区如下。

◇管理指标不能指向管理重点

◇错误地定义管理指标

◇管理指标张冠李戴

◇错以为管理指标多多益善

1. 管理指标不能指向管理重点

我们在一家公司调研时了解到，这家公司一年前在学院派顾问的辅导下做了 KPI 绩效管理，定义了所有部门的 KPI 指标（即关键管理指标），并制订了以此为依据的绩效考核标准。

表 5-9 就是这家企业人力资源部门的 KPI 指标。

看后，我们为这样的一个绩效考核指标感到吃惊，这样的绩效考核管理能为企业的绩效提升带来好处吗？

表 5-9　某企业人力资源部门 KPI 指标

	管理指标	数据来源
1	为员工做好事达成率	（实际实施件数 / 计划件数）×100%
2	企业文化建设达标率	（实际实施件数 / 计划件数）×100%
3	公司 5S 活动达标率	（检查合格部门数 / 部门总数）×100%
4	有效培训人次比率	（考试合格人数 / 考试总人数）×100%
5	报表及时上交比率	（及时上交次数 / 总次数）×100%
6	……	……

我问公司人力资源部经理，导入这些 KPI 之后有什么好处吗？他说："系统导入还是比较平稳，没有什么大的问题。好处还是有的，方便了人资部的工作。以前评价部门经理的时候，老板总是凭感觉，现在有量化的指标，老板的随意性受到限制。"

听得出来，他关注的是，系统导入后没有出什么问题，方便了工作，有了向上报告的所谓"绩效"。而不是通过导入 KPI 指标，促使部门经理和员工提高了多少公司经营管理绩效。

针对表 5-9 所列的 KPI 指标，我们做如下思考。

（1）为员工办好事达标率

年初约定为员工办理养老保险、给员工送生日蛋糕及宿舍安装衣架等三件事，如果完成了就算达标。这些工作说到底是公司政策，只要公司愿意花钱就行，并不需要人力资源部员工动脑筋想办法去做什么改善。因此，这个指标的积极导向作用不大，如果人力资源经理有私心的话，下个年度可以考虑少定两件，以期获得较高的达成率，免得影响考核结果。

（2）企业文化建设达标率

这家公司年初决定文化建设的次数和内容，企业文化建设被定义为元旦晚会、书画以及乒乓球比赛等内容。如果年初约定三次，那么只要在某个时候实施了三次，也不管效果如何都能获得评价分数。

不可否认，这些活动可以丰富员工业余文化生活，但是它绝不是构成人力资源部职能的重要部分。

（3）公司5S检查达标率

5S检查达标率作为人力资源部的管理指标也没有多少积极的意义。5S检查本身就是一项随意性很大的工作，再加上人力资源部通常又没有能力对此项工作进行指导，所以检查最终会变成一种没有内容和效果的形式（即形式主义），而每每5S检查达标率都能在公司的考核要求之上。

（4）有效培训人次比例

所谓的有效培训人次看上去是一个不错的指标，但仔细推敲，你就会发现这个指标缺乏客观性。授课老师和培训组织部门联手提高“有效培训人次比例”易如反掌，并不需要做出多少努力，如此管理指标意义不大。

（5）上报资料及时率

对上报资料的及时率进行考核大概是中国特色，这样的统计数据是没有多少积极意义的。当一个管理者需要对员工上交资料进行考核的时候，应当是管理者的悲哀！

以上几个管理指标、目标没有哪一项指向人力资源工作的重点，更没有哪一项能和公司的人力资源战略扯上关系。我告诉他，只是实施起来没有问题，而不能为企业提升经营绩效服务，这样的 KPI 指标不统计不评价也罢。

2. 错误地定义和使用管理指标，引起不良后果

错误地定义或使用管理指标，不仅不能对工作起到积极的导向作用，而且还会伤害员工的积极性。某企业把降低人员成本作为销售部门的重要管理指标。在这个指标的导向下，管理者慢慢失去了培养新员工的耐心，时间长了发现，这家企业的销售额和销售人员数量都在走下坡路，问题十分严重。

错误的管理指标比没有管理指标后果更严重。可见，定义和使用管理指标要慎之又慎。对一个暂时说不清楚其积极导向意义的管理指标还是不用为好。

3. 管理指标被张冠李戴

虽然有些企业所定义的管理指标看上去并没有什么不妥，但是管理指标与部门的关联却张冠李戴。把某些管理指标放在了并不能真正承担管理责任的部门。

表 5-10 所列是一些常见张冠李戴的错误。

表 5-10　管理指标张冠李戴的例子

管理指标	责任部门	说　明
产值或生产量	制造部门	生产产量或生产产值一般不能由制造部门承担责任。即便制造部门有充分的生产能力，如果销售部门拿不到客户订单，生产产量或生产产值就会受到影响，可见由制造部门承担责任不合适。当然那些以产定销的情况除外
来料批量合格率	检查部门	从供应商那里收到的材料或零部件是公司采购部门买来的，因此采购部门应该对来料的品质负责。来料批量合格率只是检查部门通过检查获得的一个客观数据，检查部门并不能对此负管理责任
仓库呆滞料金额	仓管部门	呆滞料的形成原因是相当复杂的，通常是由于设计变更、计划失当、采购批量过大、仓库盘失等等造成。呆滞料出现在仓库，只是它的外在表象，仓库不应该承担全部责任。因此，把呆滞料金额应该分解为数个部门的分项管理指标来进行定义
客户投诉件数	制造部门	造成客户投诉的根本原因是检查部门没有检出产品问题而流到了客户那里。因此，终检部门应该对客户投诉件数负责。当然，那些已经取消终检部门的企业，就应该把客户投诉件数定义成制造部门的管理指标

管理指标张冠李戴的后果是：管理者和员工对管理指标无能为力，有时甚至打击部门和员工的积极性。而真正能够对管理指标负责任的部门却袖手旁观，无所作为。

有这样一个实际例子：一个公司采购来的物料经常出现问题，即批量合格率不高。品质部门因此受到公司高层的指责并直接影响到人力资源对部门的绩效考核。品质经理为了提高批量合格率，开始协调采购部门予以配合，希望采购部门更换那些劣质供应商，但是采购部门就是不肯。部门之间开始“踢皮球”，品质部门抱怨采购部门不配合，采购部门抱怨品质部门手太长。

这样的“踢皮球”现象还不是最坏的结果。最坏的情况是：品质部门在提高来料批量合格率的压力下，开始放松检查，以便得到看上去好的批量合格率。

正确的做法是：**要确认所定义的管理指标到底该由哪个部门负责，那个部门确实能够通过部门职能的发挥（改善），承担起管理责任。**当我们把这个管理指标定义为采购部门的绩效时，问题迎刃而解。品质部门按标准严格检查就行，而采购部门为了提高来料批量合格率可以采取包括更换供应商在内的一切手段。

有人担心，采购部门是否会通过处理好与品质部门的关系，让品质部门高抬贵手放松检查呢？事实上，采购部门一定会有这种动机。因此，在优秀的企业里面，还要定义另一个管理指标约束品质部，那就是零部件使用部门即生产部门的线上投诉件数。根据线上投诉件状况，确认品质部门工作的好坏。如果我们发现品质部门检查出来的“来料不良率”很低，但是“线上投诉件数”很多的话，就需要进行现场、现物分析，确认是否因为品质部没有好好检查，或者有意放采购部一马，使得“来料不良率”数据不真实；还是因为生产部门品质保护做得不好，使用中损坏了零部件，却想把责任推给了供应商。总之，把“线上投诉件数”的责任给到品质部门，品质部门就有义务协调技术部门，判定线上投诉的具体责任（生产部门或者供应商）。

4. 错以为管理指标多多益善

一家公司找到了一位比较出色的人力资源经理。他做事认真并且深得考核之“真经”，经过一年的努力确立了一套完整的 KPI 指标。而我去辅导的时候，有些部门负责人偷偷向我抱怨，公司的管理太复杂，每一个月要做太多的记录、统计、报表和报告。后来我从老总那里要来了某部门的 KPI 指标清单，我着实为之震惊，如此细致的指标体系，管理工作不累才怪。

管理指标并不是多多益善。有些管理指标之间是有内在联系的，用不着面面俱到地统计分析所有的指标。因此，**不建议给一个部门过多的关键管理指标，一般 5~6 个就够了。**当然，部门内部的分、子目标的数量不受此限。

五、如何评价管理指标

1. 评价管理指标好坏的两个出发点。

◇出发点 1：是否具有积极导向作用，即能否引导员工主动改善或主动工作。

◇出发点 2：是否能够收获客户满意，即客户是否能从中受益。

2. 案例学习：该如何评价设备工程师的工作？

设备部门有三个工程师，他们分别负责条件完全相同的三个分厂的设备维护工作。某个月的工作记录如表 5-11 所示。

表 5-11　设备工程师工作记录

	维修申请单数	维修完成量	特别说明
A 工程师	60 份	60 份	/
B 工程师	80 份	80 份	2 天深夜加班
C 工程师	17 份	17 份	/
※ 在往下阅读之前，请读者给出你的答案			

如何评价这三名工程师的工作绩效看起来很简单。不管是有经验的管理者、没有经验的管理者还是人力资源管理专家，大概都能轻而易举地找到一个评价办法，即设计一个评价指标。从案例中的数据出发，可以简单地定义出以下三种可能的评价方案。

方案 1：有人建议用维修申请单完成率（= 维修完成量 / 维修申请单数 ×100%）**来评价他们的工作；**

方案 2：也有人认为应该以“维修件数越少越好”的标准来衡量；

方案 3：还有人认为应该以“维修件数越多越好”的标准来衡量。

我做过一个有趣的调查，看人们到底会怎样选择考核指标。结果发现，学院派或受学院派影响较深的人倾向采用方案 1 的完成率来衡量三人的工作（缺乏对指标导向性的理解和研究）。而较有现场工作经验的管理者较多推荐方案 2 来评价（基于平时做得好的假设）。还有少数有恻隐之心（B 工程师态度好，付出劳动多）的管理者觉得应该用方案 3 来评价。

使用以上三个方案进行评价的结果及其选择的理由大致可以推断如表 5-12。

表 5-12　三个评价方案的比较

	评价结果	评价者期望	导向或结果
方案 1	A、B、C 一样好	设备管理者应该做到有求必应	并不能引导员工积极主动服务
方案 2	C 最好，A 次之，B 最差	平时维护做得好，维修件数会少	员工可能走减少维修件数的捷径
方案 3	B 最好，A 次之，C 最差	维修件数多的，付出劳动多，工作态度好	员工可能走增加维修件数的捷径

就这么一个简单的命题就有三个结果，看来事情远比想象的复杂。难怪经常有企业管理者抱怨“绩效考核难”“不管怎么考核，员工都有意见”。

这就是管理现实，许多管理者还不能找到令人心服口服和具有良好导向性的评价指标和评价办法。

如何判断以上三种评价方法的合理性呢？

最有效的办法是看三种评价方案的导向性如何？即被评价者会如何对这一评价（政策）做出反应（对策）？

方案 1：这个评价指标意义不大，因为满足维修申请并不需要特别的努力。这个指标不仅很难鉴别工作的好坏，而且不能培养员工积极主动的服务精神。

方案 2：维修件数越少越好的评价是建立在“平时做

好保养工作”的假设（期望）之上。但是，事实上这个假设却不一定存在。其结果是，被考核者会追求减少维修件数或不满生产部门填写维修件数，这样的导向作用是管理者不希望看到的。如果B员工平时任劳任怨、兢兢业业工作的话，其工作积极性有可能会因此受到伤害。

方案3：既然维修件数越多越好，那么被考核者就会追求增加维修件数，再小的维修请求都要求部门填写维修单，没有维修单就不予理睬。照顾了B，就有可能伤害到C，不能排除C真的是一位注意事先保养工作的好员工。

上述三个方案都有明显的缺陷和不足，必须重新定义如下。

指标一：自主管理率 = 自主维修件数 /

（自主维修件数 + 维修申请件数）×100%

这是一个过程管理指标，它的目的是让工程师变被动响应为主动上门服务，从前没有申请单不工作，现在主动到现场寻找问题并及时加以保养或修复，把维修申请单当作“投诉单”来看待。

指标二：设备原因停机时间 = 生产部门统计数据

这是一个结果管理指标，它的目的是评价内部客户（生产部门）满意程度的客观数值。只要评价方法得当，即对制造部门的计划完成率予以评价的话，这个数据就无法作假，因为制造部门和设备部门对这个指标有相反的期望。

有了这两个管理指标，就能够正确评价三个工程师的工作态度和工作结果。按逻辑推理，在一个足够长（半年、一年以上）的时间长度里，自主管理越高，通常设备停机时间越少，反之亦然。重要的是，在这些指标的积极导向下，工程师的工作必须采取主动，注意平时的检修维护，有利于改变从前设备部门和生产部门之间不协调甚至矛盾的局面。

六、如何定义部门管理目标

1. 定义管理目标的方法

定义了各部门管理指标之后，管理者需要学会定义管理目标。

定义管理目标最常用的办法是现状分析法。

部门层的目标制订强调现状分析，明确部门各方面的优势和不足，从而扬长补短，扩充能力，为公司目标的达成提供支持和保障。

我们可以从以下几个方向出发确认现状的位置。

◇从领导的期望出发认识不足

◇从市场和客户的需求出发认识不足

◇从对手或标杆企业的管理水平出发认识不足

◇从理想的管理境界（如零库存、零损耗、零故障等）出发认识不足认识到不足之后，就要下决心通过改善来弥补这些不足。管理目标就是体现管理者意志的一个更高水平的数值，如表5-13所示。

表5-13　现状与目标

管理指标	现　状	目　标
生产效率	83%	88%
批量合格率	78%	83%
库存周转天数	28天	20天
……	……	……

两者在目标制订的划分上，并不是截然分开，而是有一定的叠合。比如公司年度目标，是由TOP层在参考部门层意见的基础上加以确定的。

制订目标的依据，除了要遵循经营理念、基本方针、战略构想和部门基本职能之外，还应该充分考虑到员工个人的能力、需要和发展，即所谓的职业生涯规划。好的目标体系，应该将员工个人目标与组织目标有效地融合起来，从而使战略目标管理产生更好的效果。

2. 如何保持管理者和员工的挑战激情

曾经有一篇文章，叫作“绩效主义毁了索尼”。索尼的逐步衰败固然有许多其他叠加的原因，但结果至上的绩效主义确实对索尼带来了极大的损害。主要表现在，绩效主义采用了不恰当的绩效考核方式。首先，考核时结果至上，关注过程与改善行动不足。其次，考核结果与物质（员工待遇）重度挂钩，关注精神和员工成长不足。

其结果是，管理者和员工为了更好地达成目标，获得公司承诺的物质，会把关注的焦点更多地放在设法调低上级领导期望的目标值上，以至于每年年初设定目标值时多方博弈，讨价还价。长此以往，团队失去对目标的激情在所难免。

3. 各部门管理指标、目标的跟进落实

管理指标、目标定义之后，公司领导积极关注 1 至 2 级管理指标、目标的达成状况，而 3 级及以下管理指标、目标由各部门根据目标施工图的要求进行管理。

企业领导还可以和部门管理者一起（在每月一次的质询会上）探讨 3 级及以下指标、目标达成状况，并对部门管理者的工作和方法给予鞭策和指导。

总之，在跟进落实部门管理指标、目标的过程中，要彻底摒弃“定指标目标、考核和实施奖罚”的粗暴和不负责任的管理。

案例点评： 针对本章前面《听话的猫》的案例，通过分析我们可以得出如下几个结论：
1．管理指标定义错误：管理指标不应该是每天抓住“老鼠”的只数，而应该是家里剩余“老鼠”的只数
2．管理目标设定错误：管理目标不应该是每天抓住一只“老鼠”，而应该是家里“老鼠”不断减少，终极目标是家里没有“老鼠”（追求零“老鼠”）
3．设定目标缺乏沟通：其实被管理者最清楚现状的情况，因此设定目标的时候，被管理者的参与十分重要
4．制订目标的目的错误：制订指标、目标的目的不应该落在“考核”上，而应该放在“猫”的意识和能力提升上，所以制订目标之后研究改善抓住“老鼠”的办法才是关键
5．奖罚措施设置不当：奖得太多，诱惑太大，容易造成被管理者铤而走险；罚得太重，员工基本生活得不到保障，影响劳资关系或伤害员工尊严
6．长此以往，管理者和员工之间会缺乏信任，企业文化将受到严重损害

七、部分部门管理指标定义案例

为了让读者进一步领会不同部门管理指标的意义，并从中学习定义管理指标的方法，现将其他各部门管理指标进行罗列。

1. 生产部门的管理指标（表 5-14）

表 5-14 生产部门的管理指标

	管理指标	定义和数据来源	目标
Q	终检批量合格率	不良批量 / 总批数 ×100%	↑
C	生产效率	生产台数 / 投入工时数	↑
	生产损耗金额	统计记录数据	↓
	单位产值能耗	能源消耗金额 / 产值	↓
	单位面积产出	生产量或金额 / 生产用面积	↑
D	计划达成率或订单完成率	计划达成批量 / 总批量 ×100%	↑
S	工伤事故件数	统计数字	↓
M	员工提案参与率	当月改善提案件数 / 部门人数	↑

生产效率的定义是相当个性化的内容，每个企业要研究适合自身企业的指标，不能一概而论。

2. 采购部门管理指标（表 5-15）

表 5-15　采购部门的管理指标

	管理指标	定义和数据来源	目标
Q	来料批量合格率	合格批量数 / 总批量 ×100%	↑
C	材料采购成本	统计数字	↓
D	来料迟延率	迟延批量 / 总批量 ×100%	↓
S	来料运输事故	统计数字	↓
M	人均提案件数	当月改善提案件数 / 部门人数	↑

此方法得出的结果与客户期望法得到的结果是一致的。

3. 物流部门（仓储管理）管理指标（表 5-16）

表 5-16　物流部门的管理指标

	管理指标	定义和数据来源	目标
Q	账物不符率	（账面–实物）/账面 ×100%	↓
C	本部门损耗金额	财务统计数字	↓
	物流成本	物流人数 / 生产人数 ×100%	↓
D	物流责任停线时间	生产部门统计数字	↓
S	工伤事故	统计数字	↓
M	人均提案件数	当月改善提案件数/部门人数	↑

账物不符率可以用零部件金额来计算，也可以用零部件数量来计算。

4. 生管部门（计划调度）管理指标（表 5-17）

表 5-17　生管部门的管理指标

	管理指标	定义和数据来源	目标
Q	计划变更次数	统计数字	↓
C	呆滞零部件金额	统计数字	↓
D	客户订货达成率	达成订单 / 总订单 ×100%	↑
S	基准数据差错件数（产品数据安全）	统计数字	↓
M	人均提案件数	当月改善提案件数 / 部门人数	↑

所谓“基准数据”是那些从设计或技术部门得到的构成产品的基准，如果数据出错或者数据丢失都是一件风险巨大的事情。

5. 设计开发部门管理指标（表 5–18）

表 5–18　设计开发部门的管理指标

	管理指标	定义和数据来源	目标
Q	被动设计变更件数	统计数字	↓
C	设计成本	统计数字	↓
D	设计周期	设计产品所用的时间周期	↓
S	品质事故	统计数字	↓
M	人均提案件数	当月改善提案件数 / 部门人数	↑
	专利件数	统计数字	↑

设计变更通常可以分成主动和被动两类。被动设计变更通常发生在内部、外部客户对产品有投诉的时候所做的设计改进。因此，被动设计变更的多少是衡量一个设计好坏的标准。

6. 人力资源部门管理指标（表 5–19）

表 5–19 人力资源部门的管理指标

	管理指标	定义和数据来源	目标
Q	2 年以下员工主动离职率	2 年以下员工主动离职人数 / 总人数 ×100%	↓
	内部（或外部）职业资格合格人数	统计数字	↑
C	单位产值人工费率	人工费用 / 产值 ×100%	↓
D	招聘周期	接到申请到招到人员为止的时间长度	↑
S	劳资纠纷次数	统计数字	↓
M	人均提案件数	当月改善提案件数 / 部门人数	↑
	月度改善金额	全公司统计结果	↑

特别需要注意的是，许多企业都有主动离职率这个指标，如果不问离职员工服务时间长短，那么这个数据往往有很大的欺骗性。

设想一下，某企业老员工铁板一块（因为既得利益，不想离开！抑或因为二次谋职困难，不能离开），**又因为旧有文化和老员工的排斥，新员工觉得没机会，来了就会走。**

另一家企业，人员有序流动，老员工工作了数年之后

觉得技能得到了足够提升，时机成熟可以另谋高就或者可以获得高得多的待遇，而新员工来了之后觉得有许多学习和提升的机会，十分珍惜这里的工作机会。

这样两家企业，即便有相近或相同的离职率，但他们的人力资源管理水平一定不能相提并论。后者的人力资源管理很成功，已经形成了一种“人才辈出，有序流动”的良好局面。丰田、理光、三星等成功的企业都为自己能够不断培养出受社会欢迎的人才而倍感骄傲。

如此这般，我们可以获得诸如设计、财务等更多部门的关键管理指标。**正确定义管理指标的目的，就在于要让干部和员工为“管理指标”而努力工作。**

八、运用管理指标的技巧

定义了管理指标之后，更重要的是运用管理指标，为经营管理服务。

◇制成推移图，及时更新数据等

◇密切关注推移图的变化

◇引导和辅导员工积极改善，使管理指标持续向好

1. 制成推移图，及时更新数据

以管理指标为纵轴，以时间为横轴，将某个时点上的指标值标注在坐标系间，就得到了管理指标推移图。

制作推移图主要需要注意以下几个问题。

首先，需要适当选取时间间隔。大多数部门级管理指标以“月”为时间间隔，如：产品检查合格率；班组管理指标可能需要以“周”或者“日”为时间间隔，如：生产线零件不良发生件数；公司级管理指标以“半年”或“年”为时间间隔，如：经营利润。

其次，需要随着时间的推移及时更新管理指标的数据。

第三，为了让管理指标的变化趋势一目了然，可以适当调高纵轴的起始数据。

图 5-15 就是一个部门管理指标推移的例子。

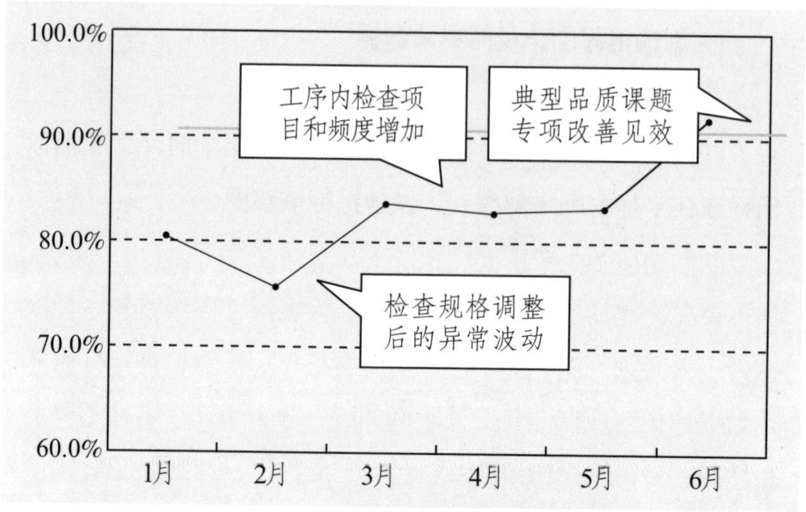

图 5-15　制造部批量合格率推移图

在图表中，一般需要标示出目标值（实线）、指标恶化的原因、指标向好所对应的改善对策等。特别需要指出的是：**管理中最忌讳的是，管理指标不明不白变坏，不明不白变好。**

2. 密切关注推移图的变化

管理者必须密切关注推移图的变化，对推移图的波动要追根究底。变好了，需要说清楚理由；变坏了，需要分析异常原因，并决定对策方案。

3. 引导和辅导员工积极改善，使管理指标持续向好

推移图不能成为摆设，而应该成为持续改善和不断挑战目标的对照。指标如有恶化，需要我们积极面对问题，分析原因，快速制订改善对策；指标没有恶化，我们也要本着不断挑战的精神，主动出击进行改善。

如果没有达成目标，就需要为达成目标进行改善。即便达成了目标，还应该朝着理想的高境界推进改善。

合众资源·3A 咨询集团
咨询辅导项目

育人机制咨询项目

咨询辅导项目	规划与辅导主题内容
1 精益生产管理咨询	① 价值流分析与改善规划 ② 布局、物流与生产线改善 ③ 生产利润最大化改善辅导
2 精益 TPM 管理咨询	① 设备自主保全规划辅导 ② 专业与预防保全规划辅导 ③ 常态化管理与绩效提升
3 精益阿米巴咨询	① 盈利分析与商业模式规划 ② 发展与运营战略规划辅导 ③ 阿米巴核算与运营辅导
4 精益战略管理咨询	① 成长战略梳理 ② 运营战略管理 ③ 核心能力的构建与培育
5 人力资源管理咨询	① 规范组织管理 ② 构建动力压力活力系统 ③ 导入绩效与薪酬体系

关注焦点

· 关键经营管理指标改良
· 机制、标准制度与系统建设
· 氛围营造与文化改良
· 员工参与与意识能力提升
· 现场、设备等管理状态变化

造物系统咨询项目

咨询辅导项目	规划与辅导主题内容
1 精益研发管理咨询	① 竞争性产品战略规划 ② 研发流程精益化 ③ 创新技术平台升级
2 精益营销管理咨询	① 营销与成长战略规划 ② 营销与销售流程改良辅导 ③ 销售利润最大化改善辅导
3 精益供应链管理咨询	① 供应链能力评估与规划 ② 降本采购机制建设辅导 ③ 采购利润最大化改善辅导
4 精益品质管理咨询	① 源流品质改善策略规划 ② 自动化与防呆化改善辅导 ③ 质量成本最小化改善辅导
5 精益成本管理咨询	① 固定成本与隐性成本分析 ② 成本管理责任机制建设 ③ 成本改善课题规划辅导

关注焦点

· 关键 KPI 指标持续向好
· 机制、制度标准和系统建设
· 组织效率与个人能力提升